WISSENSCHAFTLICHE BEITRÄGE
AUS DEM TECTUM VERLAG

Reihe Pädagogik

Wissenschaftliche Beiträge aus dem Tectum Verlag

Reihe Pädagogik

Band 15

Hasiybe Yölek-Cantay

Islamische Bildung im säkularen Staat

Religionskenntnisse als Basis erfolgreicher Integration

Tectum Verlag

Hasiybe Yölek-Cantay

Islamische Bildung im säkularen Staat.
Religionskenntnisse als Basis erfolgreicher Integration

Wissenschaftliche Beiträge aus dem Tectum Verlag:
Reihe: Pädagogik; Bd. 15

ISBN: 978-3-8288-2247-4

ISSN: 1861-7638

Umschlagabbildungen: © muratsen; ademdemir; azat1976 | istockphoto.com

Umschlaggestaltung: Felix Hieronimi

Besuchen Sie uns im Internet
www.tectum-verlag.de

Bibliografische Informationen der Deutschen Bibliothek
Die Deutsche Bibliothek verzeichnet diese Publikation in der Deutschen Nationalbibliografie; detaillierte bibliografische Angaben sind im Internet über http://dnb.ddb.de abrufbar.

Gewidmet

meinen Kindern:
Hilmi Efkan und Esma Zeynep

meinen Neffen und Nichten:
Hüseyin, Heinz, Frank, Dilek, Hüseyin,
Emel-Havva, Veli und Ayse Nurgül

meinen Geschwistern und ihren Partnern:
Kazim, Kübüra, Gülsen, Keziban,
Elke, Ömer, Adnan, Ümit

meinem Ehemann:
Bilent Cantay

meinen Freunden:
Berna, Klaus-Dieter und Manuela

und
vornehmlich meinen Dozenten:

Prof. Dr. Eugen Engelsberger und
Mehmet-Sait Kont.

Sie alle waren eine Inspiration.

Vorwort

Der berühmte Mathematiker und Physiker Albert Einstein hat einmal gesagt:

> „Manchmal ist es schwerer ein Vorurteil zu zertrümmern, als ein Atom."

Darum muss das Übel im Keim erstickt werden. Man muss auf die Menschen zugehen und ihnen die eigene Lebensweise, die Kultur, die Religion näher bringen, denn wo Verständnis ist, ist kein Platz für Hass und Verachtung. Da ist Raum für die Achtung, die Akzeptanz der Differenzen und jeder Mensch wird lernen sich nach Belieben zu entfalten, ohne dabei die Freiheit des anderen einzuschränken. Je mehr Menschen so handeln, desto näher rückt die Zeit, in der Friede und Liebe regieren.

Kalligraphie mit dem
1. Vers der 1. Sure (basmala)

Bild 1: Kalligrafie[1]

Basmala wird die Formel „Bismillahi r-rahmani r-rahim" genannt und bedeutet:

> „im Namen Gottes, des Barmherzigen und Gnädigen".[2]
>
> „Im Islam ist es weithin üblich, eine Handlung durch das Aussprechen der [...] [Basmala] unter Gottes Schutz zu stellen. Daneben begegnet die B. als Einleitungsformel von Schriftstücken sowie als dekoratives Element in der Kalligraphie und Buchkunst. [Das obige Bild ist ein schönes Beispiel für solch eine Kalligrafie.]"[3]

---

1 Christina Brüll (et. al.) (2005): Synagoge - Kirche - Moschee. Kulträume erfahren und Religionen entdecken. Kösel- Verlag GmbH & Co., München, S.145.

2 Bernhard Maier (2001): Koranlexikon. Kröners Taschenbuchausgabe Band 348, Alfred Kröner Verlag, Stuttgart, S.23.

3 Ebd., S.23-24.

1 Einleitung

Eine gelungene religiöse Bildung ist die Basis für eine stabile Entwicklung der Persönlichkeit von Jugendlichen und dies die Voraussetzung für ihre Integration in die deutsche Gesellschaft. Bei einer fehlgeschlagenen religiösen Bildung, einer defizitären Entwicklung der persönlichen Identität und der Integration in die Makrogesellschaft gibt es gefährliche Pole der Religiosität im Jugendalter. Jugendliche entfernen sich entweder von der Religion oder werden zu Fanatikern. Die Integration wird eingesellschaftlich, d.h. gruppenspezifisch. Eine solche Integration kann Isolation und ziellose Rebellion zur Folge haben. Ein ganz aktuelles Beispiel hierfür sind die Jugendlichen in Frankreich, die überall im Land Brandanschläge verursachen. Die Frage, die sich in diesem Rahmen stellt, ist die Frage nach der Bedeutung der religiösen Bildung für die Integration. Und wir suchen weiter nach der Antwort.

Der Bezugsrahmen, für die Forderung der religiösen Bildung, liegt bei der Integration des Islam in die deutsche Gesellschaft. Im Vordergrund steht die Integration ohne den Verlust des Glaubens. Dies steht in Verbindung zum persönlichen Hintergrund der Verfasserin, welche die Ansichten der führenden politischen Parteien und des Islamrates zur Integration hierzu mit einbezieht. Der interreligiöse Dialog wird auf allen Ebenen gefordert und hat zentrale Stellung im Prozess der Integration.

Anhand einer von der Autorin erstellten und durchgeführten Befragung von Erwachsenen, von Studenten verschiedener Hochschulen und verschiedener Universitäten und von Schülern von 12 Weiterbildenden Schulen von Karlsruhe und Ettlingen (ausgenommen der Sonderschulen), wird versucht festzustellen, welches Wissen über den Islam bei den sich beteiligten Muslimen existiert und wie sie zu ihrem Bildungsstand gekommen sind. Bei den Auswertungsergebnissen sind, aufgrund der Zugangsmöglichkeiten zu den Muslimen verschiedener Nationalitäten, gerade bei den Erwachsenen, überwiegend die türkischen Muslime als Grundlage zu sehen.

Die Möglichkeiten der religiösen Bildung für Muslime sind vielfältig und eingeschränkt zugleich. Die religiöse Erziehung der Kinder im Elternhaus wird oft begleitet von der religiösen Erziehung in Korankursen, die in Moscheen angeboten werden. Darüber hinaus erfolgt die religiöse Erziehung im freiwilligen muttersprachlichen Ergänzungsunterricht, der möglicherweise durch die in den allgemeinbildenden Schulen der BRD eingeführten islamischen Religionsunterrichts und der zunehmenden Forderung der Einführung der Ganztagsschulen für alle, verdrängt werden könnte. Hier findet das Pilotprojekt in Baden-Württemberg ihren besonderen Platz unter den Möglichkeiten der religiösen Bildung.

Zunehmend werden für eine frühzeitige Integration der muslimischen Kinder islamische Kindergärten, wie der Halimakindergarten der Stadt Karlsruhe, eröffnet. Dies ist auf eine Eigeninitiative von Eltern zurückzuführen, die Erfolg bewies. In den verschiedenen Kapiteln wird auf die Bereiche der ausgewählten Bildungsmöglichkeiten im Einzelnen eingegangen und über die Gestaltung der familiären und institutionellen religiösen Bildung informiert.

Es ist nicht von der Hand zu weisen, dass die Hinwendung zur Religion als auch die Abwendung von der Religion, die zu verzeichnen sind, ihre Ursachen u.a. in der Gesellschaftsstruktur haben. Die moderne, säkulare Gesellschaft mit ihrer Individualisierung, ihren An- und Überforderungen und die Trennung von Staat und Religion bedingt die Religiosität ihrer Mitglieder. Hierzu wird versucht einige Ursachen festzustellen und Faktoren aufzuzeigen, die die Hinwendung als auch die Abwendung von der Religion beeinflussen.

Die Gesetzesgrundlagen zur Religionsfreiheit im Grundgesetz sind die Basis dafür, die Religion auszuwählen und frei zu leben. Aber wie? In den Medien ist die Darstellung des Islam oft in Verbindung mit Terror und Gewalt geprägt und wirkt aus diesem Grund eher abschreckend. Diese prägende Darstellung haben die Andersgläubigen, ja sogar die unwissenden Muslime, schon so verinnerlicht, dass man das verfälschte Bild des Islam kaum noch verändern kann. Resignation ist fehl am Platz. Aufklärung ist angesagt, denn der Islam verbietet das Quälen, die Unterdrückung, das Töten einschließlich den Selbstmord. Zwei Erklärungen der Menschenrechte im Islam sind in diesem Zusammenhang beachtenswert.

2 Perspektiven religiöser Erziehung zwischen Integration und Ausgrenzung

Muslime sind nicht nur Araber oder Türken und diese nicht nur Muslime. Muslime sind vielfältig und gehören unterschiedlichen Völkern und Kulturen an. Sie haben sehr unterschiedliche Lebensweisen, die durch die Entwicklung der Landesgeschichten verschieden geprägt wurden. Sie haben ihre Heimat auf fast allen Kontinenten der Welt und leben in Pakistan, Indien, Indonesien, Türkei, Libanon, Marokko, Tunesien, Algerien, Ägypten, Palästina, Iran , Irak, Aserbaidschan, Saudi-Arabien, in Kamerun (Afrika), Amerika (auch die sogenannten „Black-Muslime" in Anlehnung an die Hautfarbe), Asien, Europa: Deutschland, Frankreich, England, Holland, Schweiz, Österreich, Italien, Bosnien, um einige Länder aufzuzeigen. Die Muslime gehören weltweit der zweitgrößten Religion, dem Islam, an. Trotz ihrer unterschiedlichen Hintergründe suchen sie auch hier in der Bundesrepublik nach der Möglichkeit, ihren Glauben an ihre Kinder weiterzugeben. Die religiöse Erziehung der muslimischen Kinder soll institutionalisiert werden, so die Forderung der muslimischen Einwanderer in der Bundesrepublik Deutschland. In der Tat konnten sie ihre Anliegen in manchen Bundesländern vortragen und stießen auf offene Ohren. Die zahlreichen Umsetzungen sind das Beispiel ihres Erfolges.

Die Bereitschaft auf deutscher Seite gründet zum Teil auf der Erkenntnis, dass die religiöse Bildung der Kinder und Jugendlichen einen wesentlichen Beitrag zu ihrer Integration liefert und zum Anderen, dass die mangelnde Beachtung der religiösen Identität schwerwiegende Folgen haben kann. Man spricht nicht nur über die Ausgrenzung dieser Jugendlichen aus der Gesellschaft oder die Bildung einer koexistenten muslimischen Gesellschaft. Auch die Gefahr der extremen Neigungen hinsichtlich der Religion, wie Fanatismus, bereiten Angst. Assoziationen von Terror, der Unterdrückung der Frau und die „Erkenntnis" darüber, dass der Islam eine fortschrittsrückständige Religion sei, führen zur Skepsis in der breiten Gesellschaft.

Die stark gestiegene Zahl der eingebürgerten Muslime fordern hingegen die Integration und fördern gemeinsam mit Christen u.a. den interreligiösen Dialog. Es ist die Zeit der Aufklärung. Und Aufklärung ist keine Einbahnstraße. Die Gläubigen aller Religionen sollten sich zunächst über die eigene Religion aufklären, dann über die anderen Religionen. Alle sollten sich von den traditionsgeprägt falschen Vorstellungen und Vorurteilen, insbesondere über den Islam, verabschieden. Hier kommt eine große Aufgabe auf die Muslime zu. Sie müssen auf andere Personen, Christen, Juden und Andersgläubige, zugehen und offen sein für das

Neue, das Fremdartige, um auch von ihnen zu lernen. Der Dialog soll eine gegenseitige Duldung, die ihren Platz, häufig zugunsten der Toleranz, freigemacht hat, im nächsten Schritt zur bewussten Akzeptanz (auch der unvereinbaren Unterschiede der Religionen) entwickeln. Dazu ist die religiöse Bildung auf beiden Seiten erforderlich. Die religiöse Bildung der Muslime ist ein Baustein, eine Voraussetzung dieser positiven Wendung. Wann und wie sollte die religiöse Bildung im Islam erfolgen?

2.1 Der richtige Zeitpunkt religiöser Erziehung und ihre Praxis

Die religiöse Erziehung im Islam beginnt im Elternhaus. Mit der Geburt kommt jeder Mensch im Islam sündenfrei zur Welt und begeht im Kindesalter auch keine Sünde, wenn es die religiösen Pflichten nicht einhält. Das Kind soll durch die Eltern angeleitet werden eine Beziehung zu Gott aufzubauen und allmählich die einzelnen Pflichten lernen, damit es als Erwachsener die religiösen Pflichten erfüllt. Hierbei ist die Frühzeitigkeit der religiösen Erziehung von großer Bedeutung, denn nur ´früh biegt sich, was ein [sic.] Häkchen werden will.´.[4]

Die Mutter kann schon bei einem drei bis vier Jahre alten Kind in Form des Erzählens religiöser Geschichten mit einer regelmäßigen, geordneten religiösen Erziehung beginnen.[5]

Aber spätestens vom siebten Lebensjahr an soll dem Kind von Gott, dem Propheten und vom Koran erzählt werden. Die Kinder sollen durch Lob und Ansporn Freude an der Religion finden, wenn sie die Waschung und das Gebet erlernen. Die Eltern und die älteren Geschwister haben hier die Funktion eines Vorbildes, das den Islam praktizierend vorlebt. Mit dem zehnten Lebensjahr sollen die Kinder zu den religiösen Pflichten systematisch angeleitet und dazu angehalten werden. Mit dem zwölften Lebensjahr gelten die Mädchen und die Jungen mit dem fünfzehnten Lebensjahr als religiös erwachsen. Weil das tatsächliche Erwachsenwerden je nach körperlicher und geistiger Verfassung unterschiedlich ist, wird nach der Scharia, dem islamischen Gesetz, das fünfzehnte Lebensjahr festgelegt, im dem jedes Kind religiös erwachsen ist. Die Unterlassung der religiösen Pflichten gilt ab diesem Zeitpunkt als

---

4 Vgl. Schmiede (1987): „Kleines Lehrbuch des Islam“: Schriftenreihe der Türkisch-Islamischen Union der Anstalt für Religion e.V., Nr. 3, Gestaltet nach einem Werk von Ahmed Hamdi Akseki. Ankara, S.35.

5 Vgl. Mehmet Emin, Ay (2002): Ailede ve Okulda ideal din egitimi. Schriftenreihe Erziehung: 1, Bilge Verlag 9, Istanbul. 3.Auflage.S. 16.

Sünde und der Muslim wird von Gott zur Verantwortung gezogen. Der Muslim ist verpflichtet die Gebote und Verbote Gottes einzuhalten.[6]

In diesem Sinne kann eine gelungene religiöse Erziehung nur dann erfolgen, wenn es genügend Vorbilder gibt, die den Islam im Umfeld des Kindes praktizieren und sich in der Religion auskennen. Der Vater kann z.B. das Kind am religiösen Leben teilhaben lassen und es mit in die Moschee nehmen, wo es die religiöse Praxis kennen lernt. Der gemeinsame Besuch der Moschee kann die Bindung zwischen Kind und Vater stärken. Wenn dies so gestaltet wird, dass das Kind Spaß daran hat und sich darauf freut, wird es eine Bindung zu Gott entwickeln.

Hier spielt die religiöse Bildung der Eltern eine entscheidende Rolle. Je mehr Wissen sie haben, desto mehr Möglichkeiten haben sie zur Verfügung, ihre Kinder durch das Kennenlernen der Inhalte zum Islam zu führen. Das Sachwissen stabilisiert die Religiosität und fördert die Kinder in ihrer späteren Integration in die „Außenwelt" der deutschen Gesellschaft. Es stützt ihre Abwehrkraft. Sie können sich behaupten gegenüber herrschenden Vorurteilen und Klischees, entgegen der religiösen Praktiken. Sie erhalten dadurch das Wissen, das notwendig wird, um zu argumentieren. Sie wissen an was sie glauben und warum sie daran glauben. Der Umgang mit Kultur- und Religionskonflikten kann somit erleichtert oder sogar vermieden werden. Das Wissen gibt Kraft für den Dialog und senkt die Angst vor der Begegnung mit dem Fremden. Die Angst vor dem Fremden, die oft zur Aggression und zur Isolation führt, kann zu Gunsten eines aufgeklärten Zusammenlebens eingedämmt werden.

Die Loslösung der Religion von der Tradition ist neben der religiösen Bildung der Eltern ein wichtiger Faktor für die Förderung ihrer Kinder. Wird die Religion nicht als Bereicherung sondern als Last empfunden, führt das zur Entfremdung. Die Entfremdung von der Religion folgt oft aus der Unausgewogenheit der religiösen und häuslichen Verhältnisse der Eltern. Werden alle Fehler der Kinder als religiöse Sünden dargestellt, kann dies die Liebe der Kinder zu Gott und zur Religion so negativ beeinflussen, dass sie eine Abneigung zur Religiosität entwickeln und sich vom Glauben distanzieren. Die liebevolle Zuwendung der Eltern ist also ein bedeutender Teil der religiösen Erziehung.

Tradition und Religion kann, wenn sie auf mangelndem oder falschem Wissen beruht Menschen belasten, Lebensläufe zerstören. Die Vermischung von Sachwissen über die Religion und traditionell übermittelten Vorurteilen kann zur Entfremdung von der Religion, im weiteren Verlauf zur Entfremdung von der Gesellschaft, hinein in die Einsamkeit führen. Es besteht dabei die Gefahr, dass die Suche nach Solidarität und

---

6 Vgl. Schmiede 1987, S.35f.

der religiösen Identität aus friedfertigen Menschen Fanatiker produzieren kann. Wie verheerend die Folgen sein können, zeigen die Medien in unzähligen Berichten in Zusammenhang mit Muslimen. Die Selbstmordanschläge, der Anschlag auf das World Trade Center oder die Anschläge in London in den Metrostationen, die Jugendkrawalle in Frankreich sind einige Beispiele für misslungene Integrationsmaßnahmen und der fehlgeschlagenen Entwicklung einer religiösen, gesellschaftlichen, politischen Identität. Jede religiöse Erziehung sollte aus diesem Grund stets freiwillig, ohne Zwang erfolgen, auf Liebe beruhen, auf religiösen Fakten basieren und zu Erkenntnissen führen, die ihrerseits die Persönlichkeit und die Identität des jungen Muslims stärken.

2.2 Die religiöse Identität

Die Bedeutung einer stabilen religiösen Identität für die Persönlichkeitsentwicklung eines Menschen und besonders eines Muslims in einer pluralistischen Gesellschaft ist deutlich erkennbar im dramatischen Verlauf von Lebensgeschichten von jungen angehend erwachsenen Muslimen. Ein Phänomen, das die Dramatik widerspiegelt, wenn Familie, Gesellschaft und Politik im Prozess der Integration, der Persönlichkeitsentwicklung, der Identitätsfindung im allgemeinen und speziell in der religiösen Identitätsfindung versagen. In Erinnerung eines bekannten Jungen namens Ali, der nur das 18.Lebensjahr erreichte. Er wuchs in einer religiös fanatischen Familie auf. Seine liberale Einstellung zum Leben bezüglich der Religion war mit der Einstellung seiner Umgebung unvereinbar. Die endlosen Konfrontationen waren für ihn unerträglich geworden. Schließlich beendete er sein Leben in der Badewanne eines Hotels.

Doch was ist eine Integration eigentlich? Eine Definition besagt:

> „Die innere Gewißheit des Subjekts, daß es trotz wechselnder Lebenssituationen und -phasen und immer neuer Orientierungen in der Außenwelt ein und dieselbe Person bleibt.“ [7]

Die wesentlichen Bedingungen für die Entwicklung von Identität im Allgemeinen sind zunächst:

> „...die körperlichen, emotionalen und kognitiven Austauschprozesse zwischen dem heranwachsenden Kind und seiner sozialen Umgebung.[...] [Die] Art und Weise der *Interaktionen* zwischen dem Subjekt und seiner sozio-emotionalen Umwelt. In den Interaktionen werden Möglichkeiten zu Distanz von den anderen

---

7 Vgl. Horst, Schaub/ Karl, G.Zenke (1997): Wörterbuch Pädagogik. Deutscher Taschenbuchverlag GmbH & Co KG, München 1995. 2.Auflage, S.181.

ebenso wie zu Selbstdarstellung und Selbstbewußtsein definiert."[8]

Weitere Bereiche der Identität, können die sprachliche Identität, die nationale Identität, die kulturelle Identität sowie die religiöse Identität sein, die in Zusammenhang mit Menschen mit Migrationshintergrund oft zur Sprache kommen. In diesem Kapitel wird die religiöse Identität thematisiert.

Die religiöse und kulturelle Identität setzt nach Balic ein Bewusstsein persönlicher Beständigkeit voraus. Die Identität eines Menschen ist seine persönliche Eigenart und die Fortdauer. Sie gibt ihm Orientierung und Handlungsmuster. Die Identitätsproblematik hat, bei der Mehrheit der Muslime, ihren Beginn mit dem Heranwachsen der zweiten Generation, der sogenannten Gastarbeiter.[9] Die erste Generation empfand die Identität mit der Religion als Erleichterung. Mit dem Islam konnte sie sich ihr Leben in der Fremde einrichten, sich in den Gebetsräumen versammeln, ihre Freizeit sinnvoll gestalten. Die Gebetsräume dienten zur gemeinsamen Beratung der Probleme und zur Seelsorge.[10] Wobei zu erwähnen ist, dass die erste Generation der sog. Gastarbeiter eine ausgereifte, zwar individuell unterschiedliche, traditionelle, aber für sich genommen eine in sich stimmige religiöse Identität in ihrer Heimat erworben hatte. Sie besaß Religiosität, die sie hier auslebte oder die Religion bewusst ablehnte. Das war kein Problem für ihre Identität.

Die Identität eines Menschen entsteht und festigt sich im Sozialisationsprozess mit der Umwelt schwerpunktmäßig im Kindes- und Jugendalter. Der Einfluss des Familienverbandes, der Umgebung hinterlässt oft den Eindruck, als hätten die muslimischen Kinder ihre religiöse Identität gefunden. Mit Beginn der Pubertät werden jedoch erste Probleme, Krisen in doppelter Gewichtung erkennbar. Sie befinden sich nicht nur vor der Identitätskrise eines heranreifenden Menschen. Sie sind auch konfrontiert mit dem Konflikt der Kulturen, dem Konflikt der Religionen und der Verhaltensweisen. Für die muslimischen Kinder und Jugendlichen ist die Erkenntnis wichtig, dass eine von außen wenig verstandene oder gar angefeindete Identität zur Bildung von geistigen Gettos neigt. Neben den äußeren, von der Umwelt bedingten Faktoren, beeinflussen auch innere Faktoren die islamische Identität. Hier spricht Balic von

---

8 Vgl. Ebd., S.181.

9 Vgl. Smail, Balic (2001): Islam für Europa. Neue Perspektiven einer alten Religion. Böhlau Verlag, Köln, Weimar, Wien (Kölner Veröffentlichungen zur Religionsgeschichte, Bd.31), S.72.

10 Vgl. Duran, Akbulut (2003): Türkische Moslems in Deutschland. Ein religionssoziologischer Beitrag zur Integrationsdebatte. Verlag Ulmer Manuskripte, Albeck bei Ulm, S.59.

einer „latente[n] innere[n] Bedrohung", dem Glaubensverständnis, welcher der neuen Umwelt nicht entspricht und als unangemessen betrachtet wird. Wobei dies für die Jugend unbefriedigend ist. Zehntausende von jungen Muslimen sollen dem Identitätsverlust zum Opfer gefallen sein. Der Bedarf an Analysen, die die Ursachen des Identitätsverlustes aufzeigen, wird deutlich. Der Identitätsverlust wird als Auswirkung des fehlenden Religionsunterrichts in Schulen und der mangelnden pädagogisch-methodischen Kompetenz des Lehrpersonals von privat organisiertem islamischen Religionsunterricht gesehen. Die Muslime sind zu wenig vorbereitet auf das pluralistische Leben und müssen sich zudem mit Vorurteilen und Klischees auseinandersetzen, die die gegebene Identitätskrise verstärken.[11]

> „Sie stehen vor der Notwendigkeit Abstriche zu machen, um wenigstens den Wesenskern ihrer religiösen Identität zu bewahren."[12]

Sie müssen die Glaubenssubstanz bewahren und zugleich einen Weg gehen, der sie nicht zu Außenseitern der Gesellschaft macht.

> „Die Mentalitäten, Gewohnheiten und Neigungen der muslimischen Völker sind von Fall zu Fall verschieden. An ihnen bekundet sich höchstens die nationale, nicht aber die religiöse Identität."[13]

> „Theoretisch gesprochen ist die Frage, was die Identität eines Muslims begründet, leicht beantwortbar. Dazu bedarf es nur eines Bekenntnisses zu Gott als Herrscher des Daseins und zu Muhammad als seinem Boten. Die islamische Identität beinhaltet ferner das Gefühl der Solidarität mit den übrigen Gläubigen."[14]

Die oben beschriebene Entfremdung von der Religion, dem Abfall des Glaubens, welches sich auch in den anderen Religionen widerspiegelt, geht einher mit dem Phänomen der Re-Islamisierung bis hin zu fanatischen Anhängern des Islam. Letzteres schränkt die Integrationsmöglichkeiten der Muslime in der pluralistisch, multikulturell geprägten Gesellschaft erheblich ein.

In der Begegnung zwischen zwei Menschen, zwei Kulturen, verschiedenen Traditionen und Religionen ist zwangsläufig zunächst etwas Fremdes da. Es gilt, die Bereitschaft zu haben, sich den Differenzen zu öffnen und gegebenenfalls von sich etwas preiszugeben und zu akzeptieren, dass es auch noch andere Sichtweisen gibt.

---

11 Balic 2001, S.68ff.

12 Ebd., S.72.

13 Ebd., S.74.

14 Ebd., S.72.

Akbulut sagt dazu:

> „Kulturkonflikte beim Aufeinandertreffen verschiedener Bevölkerungsgruppen sind nicht allein auf den religiösen Hintergrund von Migranten zurückzuführen, sondern es entstehen generell Mißverständnisse, Ängste, und Zurückhaltungen beim Aufeinandertreffen von Menschen aus unterschiedlichen gesellschaftlichen Herkünften, selbst bei gleicher religiöser Prägung."[15]

Die meisten der in Deutschland lebenden Muslime sind Türken. Die islamische Lebensweise der Türken unterscheidet sich erheblich von der Praxis der anderen Muslimen aus anderen Ländern, wie Algerien und Ägypten. Die durch die angstverbreitenden Berichte der Medien gefürchteten „fundamentalistischen Entwicklungen" sind bei ihnen (den Türken) aus diesem Grund nicht zu befürchten.[16]

Für eine Vielzahl von angstbesetzten Personen, die keinerlei persönliche Kontakte zu Muslimen pflegen und sich im Extremfall auf öffentliche Informationsquellen, die Medien, berufen, wird klar, dass die Hervorhebung des ´türkische[n] Islam´ von Akbulut nicht als die Grundlage für die Gegenstandslosigkeit der Ängste von Nichtmuslimen gesehen werden kann.

Der überwiegend praktizierte ´türkische Islam´ kann somit nicht direkt die Aufhebung der Befürchtungen gegenüber fundamentalistische Entwicklungen bewirken. Die weiterhin in den Medien verfälscht verbreiteten Berichte über den Kern und das Wesen des Islam bedingen die Festigung der Gleichsetzung des Islam mit Terror, Gewalt und Fundamentalismus. Die Mehrzahl der Muslime sind aber nicht in dieser Kategorie wiederzufinden. In diesem Zusammenhang sollte erwähnt werden, dass sich Muslime von Menschen, über die in Zusammenhang mit Gewalt, Terror und Fundamentalismus berichtet wird, stark distanzieren und über sie als Ungläubige sprechen, die dem Islam nicht angehörig sein können:

> „Ein richtiger Gläubiger, der den Islam im Wesen verstanden hat, ist zu solchen Missetaten nicht in der Lage."[17]

Die Tragweite der Vermischung zwischen Sachwissen über die Religion und traditionell übermittelten Vorurteilen, sei es von Nichtmuslimen, aber besonders auch von Muslimen, kann schwerwiegende Folgen für das Zusammenleben, die gegenseitige Toleranz, die Integration und Solidarität der Muslime in multireligiösen Gesellschaften haben. Sie kann sogar jegliche Grundlage für ein gesundes Zusammenleben zerstö-

---

15 Vgl. Akbulut 2003, S.30.

16 Vgl. Ebd., S.29.

17 Ein Moslem aus der Befragung des folgenden Kapitels.

ren. Um dies zu verhindern, wird zunehmend der interreligiöse Dialog zwischen Muslimen und Christen gefordert und von christlichen und islamischen Organisationen gefördert.

2.3 Die Rolle des Islam bei der Integration in die deutsche Gesellschaft

Spricht man von der heutigen Rolle des Islam für die Integration, muss man wissen, dass die Geschichte der Moslems in der Bundesrepublik Deutschland bis ins 18.Jahrhundert des Preußenkönigs Friedrich Wilhelm I. zurückreicht und die Existenz der Muslime kein neues Phänomen darstellt.[18]

Die Gründe der Entstehung von Integrationsproblemen der heute in der Bundesrepublik lebenden Muslime, sind in der Geschichte weit später anzusiedeln. Sie beginnen mit der Anforderung der Gastarbeiter in den 60er und 70er Jahren und sind hauptsächlich in der Gestaltung und den Ursachen der Arbeitermigration zu finden. Die dadurch bedingte systematische Isolierung der Gastarbeiter führte zur Bildung von Subkulturen in der Gesellschaft, die auf der religiösen Identität beruhte. Der Islam förderte den Anpassungsprozess der Gastarbeiter, indem es die Muslime vor den negativen Folgen eines Gettolebens schützte.[19] Die Religion gab den Menschen der ersten Generation einen Halt.[20] Sie hatten sich eine Grundlage geschaffen in der Diaspora zu existieren.

Durch die Familienzusammenführung und der Entwicklung der Gastarbeiter zu Einwanderern und der stark zunehmenden Präsens der Muslime stieg die Zahl der Gründung der Vereine, Sport- und Kulturvereine, sowie der Gründung von Religionsgemeinschaften. Damit war der Nährboden des interreligiösen Dialogs geschaffen. Die kulturell und religiös offiziellen Stellen ermöglichten die Kontaktaufnahme zu den Muslimen und zum Islam. Diese durch Eigeninitiative der Muslime gegründeten Organisationen, besonders die Moscheen mit ihren Funktionen für die Integration, sind das Fundament im positiven Verlauf des Integrationsprozesses der Muslime in der Bundesrepublik Deutschland. [Vgl. hierzu das Kapitel: „Die Funktion der Moscheen als soziale Einrichtung".]

Besonders die Kinder und Jugendlichen bewahrte sie vor einer tieferen Identitätskrise. Angesichts der belastenden Arbeitssituation der Eltern, des Zeitmangels, sich um ihre Kinder zu kümmern, und des fehlenden

---

18 Vgl. Akbulut 2003, S.28. Akbult zitiert Klöckler Michael / Tworuschka Udo (1994): Religionen in Deutschland. München Olzog, S. 102.

19 Vgl. Akbulut 2003, S.57.

20 Vgl. Ebd., S.20ff.

Religionsunterrichts in der Schule, schließlich auch die geringe religiöse Bildung der Arbeiter bot die Moschee ein Auffangbecken für die Kinder und Jugendlichen.[21]

Akbulut beschreibt in Anlehnung an Vöcking das Gebetsstätten und Begegnungsräume von Muslimen zunächst in Fabrikhallen und in Wohnheimen gegründet wurden. Mit der Zunahme der neu gegründeten religiösen Organisationen in den 80er Jahren wurden angemessene größere Gebetsräume, als die der Räume in ihren Arbeitsstätten bzw. ihren Wohnheimen, gemietet oder gekauft.[22] Der Bau der Moscheen wurde häufig durch Spenden der Arbeiter oder durch Kredite der islamischen Religionsgemeinschaft finanziert. Die unten abgebildete Moschee ist eines der ausschließlich durch Spenden der Gastarbeiter finanzierten Bauten.

Bild 2: Alperenler Moschee: Rheinfelden Baden.[23]

Gespräche über das alltägliche religiöse Leben und Information über Aktivitäten der muslimischen Gemeinschaft dienen zur Vorbereitung der deutschen Bevölkerung auf die neue Situation, dies ist z.B. beim Bau einer Moschee besonders wichtig.

21 Vgl. Ebd., S.60ff.

22 Vgl. Ebd., S.60 Akbulut zitiert: Vöcking Hans (1983): Gänzlich neue Fragen. Zur Situation der Muslime in Europa. In: Herder Korrespondenz 37. Heft 10, S.449.

23 Fotografiert am 30.12.2005.

> „In deutschen Gemeinden lösen bekannt gewordene Pläne zur Errichtung einer Moschee mit Minarett häufig Ängste in der deutschen Bevölkerung und deswegen Widerstände gegen den Bau aus. Dabei muss aber festgestellt werden, dass auch die den Bau beantragenden Moscheevereine ein Teil der Schuld trifft, denn sie versäumen es meist, die einheimische Bevölkerung auf ihr Vorhaben vorzubereiten."[24]

In jedem Fall ist es Wert und notwendig, die Moscheen gerade als Nichtmuslim zu besichtigen, sich ein eigenes Bild über die Begegnungsstätte der Muslime und über den Islam zu machen. Man kann dabei Kontakt zu den Muslimen knüpfen. Es obliegt auch den Muslimen in Deutschland, für die Harmonie in der Gesamtgesellschaft, einmal eine Kirche oder eine Synagoge zu besuchen und sich für den interreligiösen Dialog zu öffnen, zu entscheiden. Ein erster Ansatz für den interreligiösen Dialog ist die Kontaktaufnahme zwischen den Religionsgemeinschaften.

Das Kultgebäude, als Begegnungsstätte der religiösen Gemeinschaft, könnte auch als eine Begegnungsstätte mit anderen Religionsgemeinschaften fungieren und den interreligiösen Dialog fördern. Eine Führung durch die Kultgebäude der monotheistischen Religionen kann dazu dienen, erste Hemmschwellen abzubauen. Die Führung durch die Moschee, die Kirche und die Synagoge, sollte das Ziel verfolgen, den Teilnehmer, die für ihn fremden heiligen Räumlichkeiten, vorzustellen und eine damit verbundene kurze Einführung in die wesentlichen Elemente der Religionen darzubieten und die Neugier der Christen, der Muslime und der Juden zu wecken. Im Vordergrund sollten dabei nicht die historisch bedingten architektonischen Differenzen der Kultgebäude einer Religion stehen. Bei dem Einblick in die unterschiedlichen Bauweisen der Gebäude sind die zentralen Faktoren der Räumlichkeiten, die sich in jeder Kirche, Synagoge oder Moschee wiederfinden lassen, von Bedeutung, die aus diesen Räumlichkeiten eben erst das Kultgebäude einer bestimmten monotheistischen Religion bilden. Wobei die konfessionell bedingten Unterschiede in den christlichen Kirchen charakteristisch für die Konfession sind. Im folgenden Vergleich mit der Moschee, ist die katholische Kirche in Betracht gezogen worden.

In der folgenden tabellarischen Aufstellung werden ausgewählte, wesentliche Merkmale einer Moschee und einer Kirche aufgezählt und kurz erklärt.

---

24 Klaus Kreitmeir (2002): Allahs deutsche Kinder. Muslime zwischen Fundamentalismus und Integration. Pattloch Verlag GmbH & Co. KG, München, S.262.

<table>
<tr><th>Die Kirche[25]</th><th>Die Moschee[26]</th></tr>
<tr><td colspan="2"></td></tr>
<tr><td>Der Turm</td><td>Das Minarett</td></tr>
<tr><td colspan="2">Diese äußeren Merkmale der Gebäude haben verschiedene Funktionen. Zum einen dienen sie der Sichtbarkeit der Kultgebäude von weiter Räumlichkeit sowie der Erinnerung an das Gebet. Dies erfolgt im Christentum durch das Läuten der Glocken und im Islam durch den Ausruf des Muezzins. Letzteres ist in den Moscheen der Diaspora in der Häufigkeit verboten. In der Alperenler Moschee, in Rheinfelden Baden, ist sie für das Freitagsgebet, unter dem strikten Verbot der Nutzung von Lautsprechern, erlaubt. Ein schöner Kompromiss im Sinne der Integration. Charakteristisch für den Bau des Minaretts ist der Stehplatz des Muezzins, ein kreisförmiger, im oberen Bereich angesetzter „Balkon" um den Turm herum . Die Türme der Kirchen sind in der Regel mit einem aufgesetzten Kreuz oder Hahn geschmückt und nicht kreisförmig. Die Glocken darin sind nicht immer von außen sichtbar. Während der Muezzin, in muslimischen Ländern, fünf mal zum Gebet ausruft, läutet der Messner die Glocken, in den Kirchen der christlichen Länder, drei mal am Tag (Morgens, Mittags und Abends). Der Ausruf des Muezzins heißt „Ezan".</td></tr>
<tr><td>Der Priester/ der Pfarrer</td><td>Der Imam</td></tr>
<tr><td colspan="2">Die Kleidung der Vorbeter ist im Christentum und auch im Islam eine besondere und hebt ihn damit von den anderen Gläubigen ab. Er wird für alle deutlich erkennbar. Zu den Aufgaben der Imame vergleiche Abschnitt 4.1.1: „Die religiöse Kompetenz der Prediger".</td></tr>
</table>

25 Führung durch die katholische Kirche St. Elisabeth in Karlsruhe, am 03.01.2006, geleitet durch die Messnerin Frau Zimmer.

26 Führung durch die Alperenler Moschee in Rheinfelden Baden, am 30.12.2005, geleitet durch den Imam Herr Ahmet Cidem.

Die Bibel	Der Koran
Der Koran ist durch mündliche und schriftliche Überlieferungen bis heute weitergegeben worden. Sie ist in arabischer Schrift geschrieben, von der es keine Übersetzungen, sondern Erklärungen, in den verschiedenen Sprachen von Muslimen, gibt. Oft sind diese in einem Buch zusammen dargestellt. Damit wird im Islam der Erhalt der Originalfassung sichergestellt. Auch mögliche, vom Übersetzungsspielraum herrührende, Differenzen der Interpretation werden somit klar von Gottes Worten getrennt. Die Bibel ist ursprünglich in hebräischer Sprache geschrieben worden. Heute gibt es verschiedene Übersetzungen der Bibel in verschiedenen Sprachen der Christen. Damit wird den Gläubigen das Verstehen der Inhalte leichter gemacht.	
Das Altar, das Seitenaltar, das Hochaltar	Die Minbar, die große Predigerkanzel, die kleine Kanzel
Die Minbar, ein auf einem Treppenpodest angebrachter Hochsitz, dient zum halten der Ansprachen des Freitagsgebetes. Die kleine Kanzel in der Moschee, dient zum Vortragen beim Unterrichten. Der Verkündigungsort für die Predigt in den Kirchen (die Lesungen, das Vortragen des Evangeliums) ist das Altar.	
Die Bänke	Die Koranständer
Die heilige Schrift der Muslime, der Koran, muss beim rezitieren oberhalb „vom Kreuz" des Lesenden gehalten werden. Sie unterhalb „des Gürtels" zu halten gilt als Sünde. Da in den Moscheen keine Bänke vorhanden sind, gibt es zum Rezitieren spezielle Koranständer. Die Anzahl der heiligen Schriften ist in den integrierten Bibliotheken der Moscheen, häufig in nichtmuslimischen Ländern beachtlich. Sie weisen meist weiterführende Literatur zur Religion mit auf. Diese Möglichkeit zur Recherche ist für die Muslime der Diaspora von Bedeutung. Die Bibel hingegen sind im Eingangsbereich als „Gotteslob" für alle Besucher, als Leihgabe für das Gebet, ausgelegt. Sie werden beim Verlassen der Kirche wieder dort hingelegt.	
Die Wandverzierung	Die Kalligrafie
Die Dekoration mit Bildern oder Figuren ist im Islam verboten. Aus diesem Grund sind die Moschen in der Mehrzahl mit der Schönschreibung der arabischen Schrift, mit Kalligrafien, geschmückt. Die Kirchen hingegen sind mit Wandmalereien und Bildern, aus dem Leben von wichtigen Personen des Christentums, geschmückt. Auch finden sich in Kirchen Figuren von der Mutter Maria oder von Jesus wieder. Wobei die Dekoration der Kirchen auch konfessionelle Unterschiede aufweisen.	

<table>
<tr><td>Das Taufbecken, das Weihwasserbecken am Eingang</td><td>Die Waschräume</td></tr>
<tr><td colspan="2">Die Nutzung des Wassers dient im Christentum zum einen zur Taufe. In Erinnerung an die Taufe bekreuzigen sie sich mit Weihwasser, dazu dient das Becken im Eingangsbereich. Die separaten Waschräume oder Brunnen im Eingangsbereich von Moscheen sind wesentlich für die rituelle Waschung. Diese ist eine Vorschrift für das Gebet und dient zur Reinheit von Körper und Geist sowie der vollen Konzentration auf das Gebet, dem Glauben und somit auf Gott.</td></tr>
<tr><td>Es gibt keine Gebetsnische in der Kirche.</td><td>Die Gebetsnische: Mihrab</td></tr>
<tr><td colspan="2">Die Gebetsnische ist ein zentraler Faktor in jeder Moschee und zeigt die Gebetsrichtung nach Mekka an. Sie wird mit Kalligrafien verziert. Inhaltlich werden Gebetsverse aus dem Koran bevorzugt. Die Gebetsnische ist die Stelle, an der der Vorbeter sein Gebet verrichtet. Die Gemeinde versammelt sich zum Gebet hinter ihm und stellt sich in Reihen auf.</td></tr>
<tr><td>Die Gebetsbänke</td><td>Die Gebetsteppiche</td></tr>
<tr><td colspan="2">Die Christen sitzen auf oder stehen an den in Reihen aufgestellten Bänken für das Gebet. Die Einrichtung für das rituelle Gebet im Gebetsraum in den Moscheen ist hingegen sehr einfach. Es gibt keine Stühle oder Bänke. Der Boden ist oft mit Gebetsteppichen ausgelegt, die, von ihren Mustern, die Gebetsrichtung nach Mekka anzeigen, auf denen man gemeinsam betet. Entsprechend dem Gebot der Reinheit darf man auch keine Straßenschuhe innerhalb der Räumlichkeiten, und besonders auf diesen Teppichen, tragen.</td></tr>
<tr><td>Die Beichtstühle</td><td>Es gibt keine Beichte im Islam</td></tr>
<tr><td colspan="2">Die Beichtstühle (abgetrennte kleine Räume in der Kirche) in dem die Gläubigen persönliches mit dem Pfarrer besprechen und ihre Beichte abnehmen lassen können, sind dreiteilig, so dass die Beichte (das Bekennen und Bereuen von Sünden) in der Regel anonym oder auf Wunsch von Angesicht zu Angesicht vollzogen werden kann. Der Pfarrer gibt die Absolution, die Befreiung von den Sünden. Muslime können persönliche Ersuche für einen Ratschlag auch an den Imam richten. Der Imam hat jedoch keine Befugnis zur Lossprechung, wenn der Gläubige sich bekennt und Taten bereut. In der Moschee gibt es keine Beichtstühle, den nur Allah alleine kann von der Sünde befreien.</td></tr>
</table>

<table>
<tr><td>Der Rosenkranz</td><td>Die Tesbih</td></tr>
<tr><td colspan="2">Ein wesentliches Merkmal, das den Roßenkranz der Christen sichtbar vom Tesbih der Muslime unterscheidet, bildet den Abschluss bzw. den Anfang der Gebetsketten. Der Rosenkranz der Christen hat ein Kreuz am Ende. Der Abschluß bei dem Tesbih hingegen wird durch eine größere oder längliche Perle gebildet, die an den 100. Namen Allahs erinnern soll, die nur Allah selbst bekannt sei. Die Tesbih erinnert mit ihren 99 oder 33 kleinen Perlen an die 99 bekannten Namen Gottes. Sie wird zum Abschluss nach dem Gebet genutzt und dient der Lobpreisung Gottes. Man läst jeweils stets eine Perle in der Hand weitergleiten und sagt dabei 33 mal „Allahu Akbar" (Allah ist am Größten), 33 mal „Subhan Allah " (alle Dankbarkeit gebührt Allah)" und 33 mal „Alhamdulillah“ (gepriesen ist Allah). Den Roßenkranz lässt der Christ ebenso durch Begleitung von Gebetssprüchen und Lobpreisungen in der Hand gleiten wie der Muslim sein Tesbih. Sie dient der Barmherzigkeit Gottes. Es werden das „Vater Unser“ und das „Ave Maria“ (Glaube, Hoffnung und Liebe), mit einer Betrachtung aus dem Leben Jesu, ausgesprochen.</td></tr>
<tr><td>Der Gebetsraum für Männer und Frauen</td><td>Die Empore für die Frauen</td></tr>
<tr><td colspan="2">Männer und Frauen können gemeinsam, Seite an Seite, die Predigt vom Pfarrer mitverfolgen. Im Islam beten die Männer und Frauen nicht gemischt. Die Trennung der Geschlechter in der Moschee dient, vor allem beim Gebet, dazu, dass der Mensch sich, unabhängig von weltlichen Dingen, mit seiner ganzen Seele dem Gebet hinwenden kann. Sie ist kein Zeichen der Unterdrückung der Frau. In diesem Sinne befinden sich die Frauen entweder in einem abgetrennten Raum, auf einer für sie errichteten Empore oder aufgestellt in Reihen hinter der Gruppe der Männer. Auf der Empore (eine abgetrennte Erhöhung im Raum) können sie die Predigt unmittelbar mitverfolgen. Im abgetrennten Raum wird die Predigt des Imam durch Lautsprecher übertragen.</td></tr>
</table>

Tabelle 1: Wesentliche Merkmale der Kultgebäude: die Kirche, die Moschee.

Für eine sachkundige Vertiefung der Thematik, wird das Buch von Brüll mit dem Titel „Synagoge - Kirche - Moschee. Kulträume erfahren und Religionen entdecken“[27] empfohlen.

Wie schon festgestellt, baut das Wissen, um die Elemente anderer Religionen, Hemmschwellen ab und ermöglicht den offenen Dialog. Erst durch sie und ohne die Angst vor Missionierung und Indoktrination

27 Christina Brüll (et. al.) (2005): Synagoge - Kirche - Moschee. Kulträume erfahren und Religionen entdecken. Kösel-Verlag GmbH & Co., München.

wird der interreligiöse Dialog gefördert und ein Meilenstein zur gelungenen Integration gelegt. Somit erhält die Integration der Muslime in der Bundesrepublik Deutschland erhebliche Erleichterung, wobei sich die speziellen Vorstellungen, vom Bedarf der Minderheiten, sehr unterscheiden können. Im nächsten Abschnitt wird hierzu die Integrationspolitik der Parteien vorgestellt und mit der Integrationsvorstellung des Islamrates der Bundesrepublik Deutschland ergänzt.

2.4 Integration aus der Sicht der politischen Parteien und des Islamrates der Bundesrepublik Deutschland

Auch die führenden politischen Parteien haben längst die Notwendigkeit der Integration der Immigranten erkannt. Die religions- und gesellschaftspolitischen Aspekte werden in die Parteiprogramme aufgenommen.

Die Berücksichtigung der Integration und die darauf aufbauenden Vorschläge zur Umsetzung stehen stets in Zusammenhang mit dem geltenden Verständnis vom Integrationsbegriff.

Die CDU sieht die Integration als ein Bestandteil des nationalen Interesses von Deutschen und Zuwanderern. Von Deutschen wird erwartet, dass sie tolerant sind gegenüber anderen Lebenseinstellungen, kulturellen Traditionen und religiösen Überzeugungen. Von den Zuwanderern wird der aktive Einsatz erwartet, sich in die Gesellschaftsordnung der Bundesrepublik Deutschland einzufügen. Die Partei nimmt Abstand von einer vollständigen Anpassung der Zuwanderer an die Kultur und Lebensformen des Aufnahmelandes und macht deutlich, dass Integration nicht Assimilation bedeutet. Die Integration in diesem Sinn schließt die Möglichkeit der Zuwanderer mit ein, ihre eigenen kulturellen, religiösen Prägungen im Rahmen der Rechts- und Verfassungsordnung zu bewahren. Die Integrationsangebote sollen den Bedürfnissen der Zuwanderer angepasst und unter Einbezug der Selbsthilfeorganisationen gestaltet werden.[28]

Es ist für die CDU selbstverständlich , dass die Muslime in Deutschland ihren Glauben bewahren, bekennen und praktizieren dürfen. Dies ergibt sich für sie aus der Tatsache, dass die Bundesrepublik Deutschland ein freiheitlich-pluralistischer Verfassungsstaat ist und sich sowohl zur weltanschaulichen Neutralität als auch zum Respektieren religiöser Überzeugungen verpflichtet. Sie fordert den christlich-muslimischen Dialog und schreibt dabei den Kirchen eine besondere Verantwortung

[28] Bundesausschuss der CDU Deutschlands (Hrsg.) (2001): Zuwanderung steuern. Integration fördern. Union Betriebs - GmbH, Berlin, 7.Juni, S.107-110.

zu. Während der „aufgeklärte Islam" nicht als ein Integrationshindernis gewertet wird, wird zwischen Islam und Islamismus differenziert.[29]

Die Abwendung von der Assimilation als Konzept ist auch die Grundlage der Integrationspolitik der SPD. Statt dessen will sie die Integration fördern und fordert dabei den aktiven Beitrag der Zuwanderer, der Deutschen und des Staates auf allen Ebenen. Die Teilhabe ist für die SPD ein maßgeblicher Beitrag des Integrationsprozesses. Aus diesem Grund sollen die Zuwanderer am politischen, wirtschaftlichen und kulturellen Leben teilnehmen. Dies kann nur unter der Gewährleistung der Anerkennung der Verschiedenheiten der Herkunft, der Kulturen und Religionen gestaltet werden. Aber auch die Sprachkompetenz der Zuwanderer ist für die Integration sehr von Bedeutung. Der Bildungsweg, der berufliche Werdegang und die Möglichkeiten des interkulturellen, wie auch des interreligiösen Dialoges sind stark von der Sprachkompetenz abhängig. Die Integration in diesem Sinn ist gebunden an die Einhaltung der verfassungsrechtlichen Grundlagen und Werte und findet dort ihre Grenzen. Aufgeführt werden exemplarisch die Unantastbarkeit der Menschenwürde, die Freiheit der Person, die Gleichheit aller Menschen vor dem Gesetz, die Gleichberechtigung von Mann und Frau, die Religionsfreiheit und die Trennung von Staat und Kirche. Betont wird die „Absage an extremistische Bestrebungen".[30]

Die FDP definiert die Integration als einen wechselseitigen Prozess zwischen Zugewanderten und Deutschen. Die gesellschaftliche und politische Partizipation ist für die Partei der „Schüssel für die Integration". Es sollen ethnische, kulturelle sowie religiöse Unterschiede bestehen bleiben. Um dies für alle garantieren zu können, müssen jedoch alle Beteiligten sich auf gemeinsame Rechts- und Werteordnungen einigen. Dies muss auf der Basis der Akzeptanz der freiheitlich demokratischen Grundordnung, der Grundwerte erfolgen. Für ein gemeinsames, gedeihendes, friedliches, partnerschaftliches Zusammenleben sieht sie gegenseitiges Verständnis und Verständigung als Prämisse. Gegenseitiges Verständnis und Akzeptanz ist eine Aufgabe, die von Zugewanderten und Deutschen gleichermaßen gefordert wird. Diese Forderung klärt die Integrationsvorstellung der FDP und grenzt sie von der Assimilation ab. Die Aufmerksamkeit soll bei der Integration von Kindern und Jugendlichen auch auf ihre Stärken gelenkt sein. Sie sollen als Bereicherung und nicht nur als Problemfälle betrachtet werden. Bei ihnen ist die frühkindliche Integration, als entscheidender Faktor für die Chancengerechtigkeit, von besonderer Bedeutung. Ihre Sprachkompetenz ist zu fördern.

---

29 Ebd., S.115.

30 SPD Bundestagsfraktion (03.12.2004): Zuwanderungsgesetz: Integration. URL: http://www.spdfraktion.de [Stand: 09.12.2005].

Angebote für die Sprachförderung sollen die Eltern mit einschließen. Weitere Förderungsmöglichkeiten werden im Ausbau von außerunterrichtlicher Betreuung und Ganztagsschulen gesehen. Religionsgemeinschaften, Vereine und Gemeinden bieten den Migranten Unterstützung in vielen Glaubens- und Lebensfragen. Die Religion als ein wichtiger Bestandteil der kulturellen und persönlichen Identität muss bei der Integration Berücksichtigung finden.[31]

Die Kriterien der Integration sind für das Bündnis 90/ die Grünen die Anerkennung der Werte des Grundgesetzes, die Kenntnis der deutschen Sprache sowie die Berücksichtigung der Religion der Zuwanderer. Die Integrationspolitik in der pluralistischen Gesellschaft der Bundesrepublik ist keine Politik der Assimilation. Sie erfordert vielmehr die Klärung gemeinsamer Ziele, die Einigung über Regeln des Zusammenlebens sowie eine Festlegung gemeinsamer Grundlagen. Zwei Realitäten erfordern die verstärkte Einbindung der Religion in die Integrationspolitik. Zum einen ist es Fakt, dass 70% der Deutschen den Islam als eine Religion betrachten, die sie als Bedrohung empfinden. Für sie ist die islamische Kultur mit ihrer unvereinbar. Zum anderen ist der Islam, die drittgrößte religiöse Gruppe, mit 3 Millionen Gläubigen in der Bundesrepublik Deutschland Vertreten, die ihre Religion als „identitätsstiftend" betrachten.[32]

Zusammenfassend kann festgestellt werden, dass die aufgeführten Parteien alle von einer Integrationspolitik ausgehen, die sich von der Vorstellung der Assimilation abgrenzt. Sie bekunden damit, das die Zuwanderer ihre eigenen Lebensformen beibehalten können. Mit dem Wissen um die Defizite der Ausgrenzungen aus den wirtschaftlichen, politischen und sozialen Lebensbereichen gehen sie die Möglichkeiten der aktiven Einbindung an und versuchen konstruktive Lösungen zu erarbeiten. Die Orientierung an den Bedürfnissen der Zuwanderer erfolgt zunehmend. Auch wird die Integration von allen als ein gegenseitiger Prozess beurteilt. Hier wird nicht nur von Förderungen sondern auch von Forderungen gesprochen. Forderungen existieren hierbei auch der Mehrheitsgesellschaft gegenüber, die toleranter gegenüber Minderheiten sein sollen. Während sie die unterschiedlichen kulturellen, religiösen Lebensweisen akzeptieren sollen, sollen die Zuwanderer die freiheitlich, demokratische Rechtsordnung und die gemeinsamen Grundwerte der in der Bundesrepublik Deutschland lebenden Personen anerkennen.

---

31 FDP-Bundestagsfraktion (2004): Migration und Integration. Ein liberales Konzept. Stand 30.November.

32 Presseinformation Bündnis 90/ die Grünen, MdL Winfried Kretschmann Fraktionsvorsitzender (2004): Islam in Deutschland - Religion, Normalität und Integration. Pressekonferenz 07.Dezember, S.2-3.

Die Anerkennung der Grundwerte und Rechtsordnungen durch die Migranten ist auch ein Teil der Bedingungen, die der Islamrat als Prämisse für die Integration sieht. Übereinstimmung finden die Vorstellung der Parteien mit denen des Islamrates auch bezüglich der gleichberechtigten Teilhabe am wirtschaftlichen, politischen und sozialen Leben für eine erfolgreiche Integration.[33]

Der Islamrat zeigt einige Problembereiche der Förderungsmaßnahmen und der Forderungen, die sich zu Überforderungen wandeln können. So die Förderungsmaßnamen der Sprachkompetenz der Zugewanderten, die für jeden Personenkreis spezifisch zu beurteilen sind. So wäre die politische Erwartung über die Beherrschung der deutschen Sprache für die ältere Generation eine schlichte Überforderung, für die Jugend eine Selbstverständlichkeit und für die Frauen eine erforderliche Maßnahme.

Der Islamrat kritisiert die starke Forderung der CDU nach der „Einfügung" der Minderheiten in die hiesige Gesellschaft und geht dabei von einer „assimilationsähnlichen Integrationsforderung" aus. Die Frage, die sich für sie an diese stellt, ist die Klärung der Orientierungsmaßstäbe für die Migranten. Der Islamrat geht von einer Mehrheitsgesellschaft aus, die nicht nur pluralistisch ist, sondern sich auch in ständigem Wandel befindet.

> „Soziologisch gesehen gliedert sich diese Gesellschaft in **hundert verschiedene Milieus**, dazu viele Randgruppen, mit entsprechend vielen verschiedenen Lebensbedingungen, Interessen, Meinungen, Leitbildern und den widersprüchlichsten Werthaltungen. An welche sollen wir uns also anpassen? An eine gut verdienende egoistische Yuppie-Schicht der Großstädte mit ihrer shareholder-Mentalität? An die Obdachlosen im Bahnhofsmilieu? An die Schicht der Hochschullehrer und Intellektuellen?, An die in Selbsthilfegruppen und NGO´s organisierten Idealisten und Basisdemokraten?, An Punker oder autonome Chaoten? An Otto Normalverdiener?"[34]

Mit dieser Beschreibung der Mehrheitsgesellschaft unterstreicht der Islamrat, dass es den Ausländern und Muslimen nicht nur um Einfügung und Integration geht, sondern gerade darum, einen Weg für die Gestaltung der Einfügung und Integration zu finden, die den Verlust der Identität vermeidet und die Erweiterung der Identität fördert. Hier wird deutlich, dass eine Integration nur erfolgreich sein kann, wenn die zu integrierenden Gesellschaftsgruppen gefragt und in die Integrationsdis-

---

[33] Ghulam-D. Totakhyl, Generalsekretär: Forum Islam in Deutschland, 15. Juni 1999: Anhörung der CDU/CSU Fraktion. Stellungnahme des Islamrates für die BRD. URL: http://www.islamrat.de [Stand: 12.12.2005]

[34] Totakhyl 1999, [Stand: 12.12.2005]

kussionen als gleichberechtigte Gesprächspartner mit einbezogen werden. Insbesondere bei der Konkretisierung und Umsetzung will der Islamrat eine gleichberechtigte Mitwirkung. Dafür verlangt der Islamrat die Anerkennung der islamischen Dachverbände als Körperschaften des öffentlichen Rechts und ihre Gleichstellung mit den beiden großen christlichen Kirchen und der jüdischen Glaubensgemeinschaft.[35]

Nicht nur das Bild der Mehrheitsgesellschaft ist für den Islamrat in Abhängigkeit des unterschiedlichen Blickwinkels zu sehen. Das Bild des Islams in der Öffentlichkeit stellt sich für ihn verzerrt und sehr verkürzt dar. Aus diesem Grund trägt er zur Aufklärung der Öffentlichkeit bei, was für die Integration der Muslime von wesentlicher Bedeutung ist.

> „Gestützt auf den Koran und die islamische Tradition stellt der Islamrat nochmals aus gegebenem Anlass fest, dass Mörder sich nicht auf ein Religionsbekenntnis berufen können, um ihr Verbrechen zu rechtfertigen. Der Koran stellt vielmehr fest, dass der, der einen Menschen tötet, behandelt werden muss, als habe er die ganze Menschheit getötet."[36]

In der persönlichen Begegnung mit Muslimen erfolgt eine ausschnittsweise Wahrnehmung des Neuen. In Abhängigkeit der Einstellungen, der Kenntnisse, der Lebensweisen der Muslime, die einem bekannt sind oder von denen man gehört hat, entwickelt sich die Vorstellung des Fremden, aber auch des Eigenen. Dies gilt für Muslime und für Andere in gleicher Weise. Oft erfolgt zugleich eine Verallgemeinerung des erworbenen Wissens ohne eine Vergewisserung ihrer Realitätsnähe.

Die Tatsache, dass Muslime als Religionsgemeinschaft ein weites Spektrum darstellen und sich in keiner Kategorie einschränken lassen, gerät zunehmend in Vergessenheit. Das Alltagsbild des islamischen Lebens untersteht nicht nur der nationalen und politischen Prägung des Herkunftslandes, sondern auch den des Einwanderungslandes und den Freiheiten, Rechten und Pflichten, die den Muslimen gegeben oder genommen werden. Probleme ergeben sich innerhalb der Religionsgemeinschaft ebenso, wie sie sich im Kontakt mit anderen Religionsgemeinschaften ergeben. Konkret und persönlich werden sie im Arbeitsleben, in der Schule, in der Ausbildung, in der Familie sowie im Freundeskreis. Die Ursachen dieser Probleme sind oft in manifestierten, verzerrten und verfälschten Vorstellungen zu finden, die mit der Religion und den sich daraus ergebenden Rechten und Pflichten nichts gemeinsam haben. Von diesem Faktum ausgehend wird im nächsten Abschnitt untersucht, welchen Einfluss die religiöse Bildung auf die Religiosität der Muslime hat.

---

35 Ebd., [Stand: 12.12.2005]

36 Islamrat 2004 [Stand: 11.12.2005]

3 Religiöser Bildungsstand und Religiosität - Feststellungen in der Begegnung mit Muslimen

Die Absicht der Befragung von Erwachsenen, Studenten verschiedener Hochschulen und Universitäten und von Schülern aus zwölf weiterbildenden Schulen der Städte Karlsruhe und Ettlingen (ausgenommen der Sonderschulen) ist es, festzustellen welches Wissen bei den sich beteiligten Muslimen über den Islam existiert, wie sie zu ihrem Bildungsstand gekommen sind und wie sich ihr religiöses Leben gestaltet.

Bei der Durchführung der Befragung ergaben sich Schwierigkeiten. Vereine, die zunächst die Beteiligung zugesagt hatten, lehnten die Beteiligung im Nachhinein ab, weil sich andere Vereine nicht beteiligten. Sie wollten nicht alleine einbezogen sein. In anderen Vereinen gaben die Vorsitzenden die Fragebögen mit der Begründung, sie seien auf Ablehnung gestoßen, nicht an ihre Mitglieder weiter. Wieder andere zeigten zwar großes Interesse am Ergebnis, wollten jedoch selbst nicht Teil der Aktion sein. Es wurde danach gefragt, wie man mit dem Ergebnis umgehen werde, wenn sich herausstellen sollte, dass ihre Mitglieder wenig Wissen hätten. Sie befürchteten die negativen Folgen einer möglichen Feststellung:

> „Die Muslime würden nichts über den Islam wissen."[37]

Die Beteiligung an der Befragung lehnten folgende Vereine mit obigen Begründungen ab:

- Albanisch Islamischer Kulturverein e.V.
- Aya sofıa Moschee e.V.
- D.İ.T.İ.B. Türkisch İslamische Gemeinde zu Karlsruhe e.V.
- Verband islamischer Kulturzentren e.V. Gemeinde Karlsruhe e.V. Selimiye Moschee
- Islamischer Verein Durlach und Umgebung e.V.
- Verein für Dialog und Völkerverständigung e.V. An – Nur Moschee.

Ebenso lehnte das Karlsruher Bildungszentrum Ekol seine Hilfe ab. Die Menschen dort befürchteten, dass andere Institutionen, die vorhandenen Vorurteile, sie seien keine reine Institution für Nachhilfe und Hausaufgabenbetreuung, durch die Beteiligung bestätigt sehen könnten.

Der tiefe Gehalt der Bedenken meiner Befragung gegenüber, wird auch durch eine öffentliche Erklärung des Zentrums für Türkeistudien bezüglich anderer Befragungen von muslimischen Mitbürgern deutlich. Der Leiter des Zentrums für Türkeistudien, Faruk Sen, fordert von den zu-

[37] Die Aussage eines Vereinsvorsitzenden einer Moschee.

ständigen Behörden, die Einstellung der seit Beginn des Jahres 2006 in Baden-Württemberg durchgeführten Befragungen von muslimischen Mitbürgern. Die persönlichen Fragen der Befragungen würden nach Sen, die beiderseits bestehenden Vorurteile und Stereotypen verfestigen.[38]

Schließlich mussten andere Möglichkeiten genutzt werden, um die Durchführung dieser Befragung nicht zu gefährden. Diese ergaben sich aus dem persönlichen muslimischen, studentischen Hintergrund der Verfasserin. So konnte die Befragung, mit Ausnahme der Befragung in den Schulen, nur über ein Netzwerk von Bekannten, Freunden, Verwandten und ihren Bekannten, Freunden und Verwandten verwirklicht werden.

Ausgegeben wurden die Fragebögen für die Erwachsenen an Personen in den folgenden Vereinen und Institutionen:

- Vereinzelte Mitglieder des türkischen Generalkonsulats (als Privatpersonen)
- Deutsch muslimischer Kreis
- Türkischer Frauenverein Karlsruhe und Umgebung e.V.
- Die Vereinigung der Eltern der Kinder, die den muttersprachlichen Ergänzungsunterricht in Karlsruhe besuchen.
- Vereinzelte Mitglieder der palästinensischen Vereinigung moslemischer Studenten
- Die Religionsgemeinschaft der Studenten, die am Freitagsgebet der Universität in Karlsruhe teilnehmen
- Die Vereinigung Karlsruher türkischer Studenten e.V.
- Bekannte muslimische Studenten, die in den Wohnheimen des Freudenberg e.V. wohnen
- Privatpersonen und Geschäftsmänner aus persönlichen Kreisen

In einem Verein haben die Mitglieder gemeinsam einen Fragebogen stellvertretend für alle ausgefüllt. Sie wollten die Aktion positiv unterstützen. Ihr Anliegen war, einen vollständig und „richtig" beantworteten Fragebogen abzugeben. Unbedacht blieb hierbei, dass dadurch die Ergebnisse verfälscht und aus diesem Grund die Antworten bei der Auswertung nicht mit in Betracht gezogen werden können.

Die Schulen, die sich an der Befragung nicht beteiligten, hatten verschiedene Gründe für ihre Ablehnung:

- Eine zu geringe Zahl muslimischer Schüler und die daraus resultierende Gefahr der mangelnden Anonymität.
- Der Zeitmangel der Lehrer zum Schuljahresende.

---

38 Faruk Sen (08.01.2006): Stellungnahme des Leiters des Zentrums für Türkeistudien in Köln. In den Abendnachrichten des türkischen Fernsehsenders „Kanal D".

- Die Überforderung der Schüler durch zu viele Beteiligungen an ähnlichen Aktionen.
- Die Tatsache, dass religiöse Fragen zu persönlich seien und man nicht erwarten könne, dass diese von den Schülern beantwortet werden.

Folgende weiterführenden Schulen beteiligten sich an der Befragung:

Gymnasien:	**Realschulen:**	**Hauptschulen:**
• Otto-Hahn-Gymnasium • Gymnasium Neureut • Helmholtz-Gymnasium • Bismarckgymnasium	• Tulla-Realschule • Rennbuckel-Realschule • Nebenius-Realschule • Drais-Realschule	• Uhlandschule • Schillerschule • Heinrich-Köhler-Schule • Schillerschule (Ettlingen)

Tabelle 2: Weiterführende Schulen der Städte Karlsruhe und Ettlingen

Die Schulen, die sich an der Befragung beteiligten, vergewisserten sich über die Genehmigung des Regierungspräsidiums und die Erlaubnis der Eltern.

Eine Schule gab die Fragebögen, die ausschließlich für muslimische Schüler der Klassen sieben bis neun gedacht waren, fälschlicher Weise an alle Schüler dieser Klassen aus. Erwähnenswert ist hierbei, das anschließend die dritte Seite des Fragebogen komplett zurückbehalten oder schon im Anfang nicht ausgegeben wurde.

Bedenken existierten auch auf der Seite der Eltern, die im Verlauf der Aktion von Lehrern und Schülern zur Sprache gebracht wurden.

Einige Eltern beschwerten sich bei Lehrern und lehnten die Teilnahme ihres Kindes kategorisch ab. Ihre Beschwerde enthielt die Angst der Machtlosigkeit, des Ausgeliefertseins einer undurchsichtigen Absicht gegenüber. Sie fürchteten negative Folgen.

> „Die Deutschen wissen genug über uns, was wollen sie denn noch alles wissen."[39]

Die Tatsache, dass die durchführende Person eine „aus ihrer Mitte" war, stellte zum einen eine Argumentationsmöglichkeit für den Lehrer dar und zum anderen eine Beruhigung für die Eltern. Sie konnten sich somit vergewissern, dass es hierbei um die wissenschaftliche Erarbeitung einer Thematik ging, die ihre Integration fördern kann.

---

39 Ein Lehrerzitat, das sich auf die Aussage eines Vaters stützt.

Einige Schüler widersetzten sich der Entscheidung ihrer Eltern und kamen einfach mit den anderen Schülern zur Befragung. Trotz der Erinnerung des Schulleiters, sie würden nicht teilnehmen dürfen, überzeugten sie den Schulleiter, dass sie genug religiöses Wissen besitzen würden und ihre Eltern den Sinn der Aktion, im Gegensatz zu ihnen, nicht reflektieren könnten.

Alle drei Personengruppen haben als eine Pointe eine besondere Frage gestellt, bekommen, die nur ihnen galt.

Die Schüler befinden sich wie keine andere Gruppe der Gesellschaft in starkem Kontakt mit anderen Gesellschaftsgruppen, aus diesem Grund ist es interessant, wie sich die Schüler selbst und andere in Zusammenhang mit ihrer Religionszugehörigkeit kategorisieren. Sie mussten eine Antwort auf die Frage, wie sich Christen und Moslems unterscheiden, finden.

Die Frage die sich ausschließlich an Erwachsene richtete, war die Frage danach, wie sie die nachstehende Behauptung beurteilen. Es wurde die Behauptung aufgegriffen, dass der Islam im Vergleich zu anderen Religionen als eine rückständige Religion gesehen werde, der den Fortschritt behindere. Diese Frage wurde an die Erwachsenen gerichtet, weil sie, aufgrund ihres Alters, eine zeitlich längere lebenspraktische Erfahrung mit der Religion aufweisen können. Zudem haben sie als Erzieher eine große religiöse Verpflichtung. Im Umgang mit der Religion müssen sie mit solchen oder ähnlichen Behauptungen vorsichtig sein und sich der Bedeutung ihrer Vorbildfunktion bewusst werden.

Junge Muslime können, durch ihr selbstbewusstes Auftreten und ihre religiöse Bildung, der Gesellschaft ein völlig anderes Bild vom Islam vermitteln. Sie müssen keine Sprachbarrieren überwinden. Zwischen den Generationen der Muslime und zwischen den Religionsgemeinschaften der Christen, der Muslime sowie der Juden, können sie eine Brückenfunktion einnehmen. Sie könnten die Menschen einander näher bringen. Sie können durch ihre Fähigkeiten einen erheblichen Beitrag zur Förderung der Integration leisten. Aus diesem Grund wurden sie im Fragebogen mit dem Anliegen konfrontiert, dass zunehmend der Dialog zwischen den Christen und den Moslems gefordert wird. Sie mussten eine Antwort auf die Frage finden, in welcher Weise der Dialog geleistet werden sollte, um seine Effektivität zu steigern.

Bei dieser Aktion, in dem insgesamt 668 Fragebögen verteilt wurden, erhielt die Verfasserin überraschend wenige Fragebögen wieder zurück. Die Rücklaufquoten ergeben sich nach arabischer Sprachzugehörigkeit und Geschlecht mit folgender Aufteilung.

Erwachsene:

37 von 200 ausgegebenen Fragebögen wurden wieder zurückgegeben.

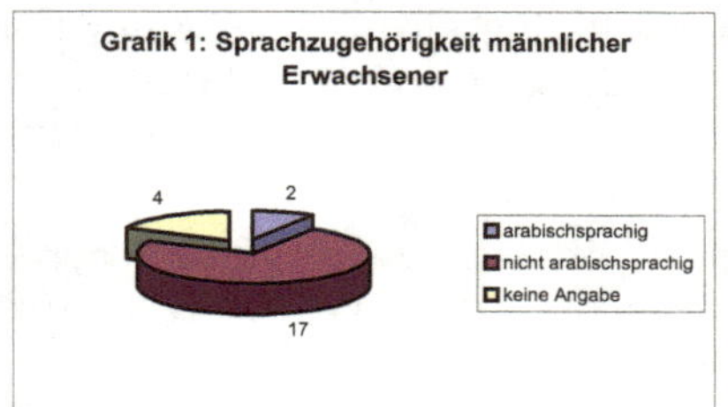

Studenten:

29 von 200 ausgegebenen Fragebögen wurden wieder zurückgegeben.

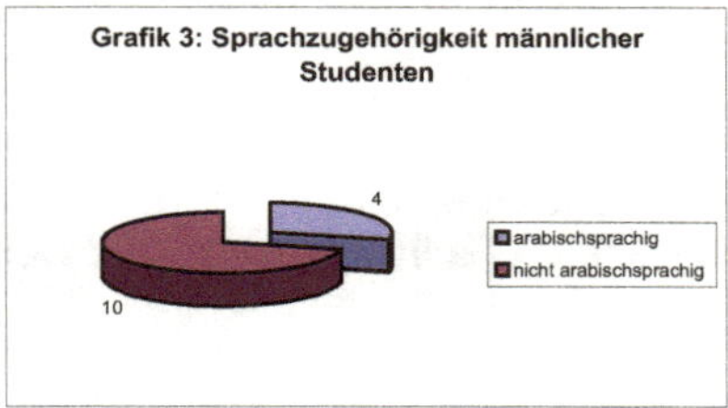

Schüler:

Von den 268 vorbereiteten Fragebögen wurden 23 an Gymnasien, 90 an Realschulen und 155 an Hauptschulen ausgegeben. Die Verteilung richtete sich jeweils nach den Angaben der Schulen über die Zahl der muslimischen Schüler, die die entsprechende Schule jeweils besuchten. Neun von 23 Schülern der Gymnasien, 31 von 90 Schülern der Realschulen und 62 von 155 Schülern der Hauptschulen gaben die Fragebögen ausgefüllt wieder zurück.

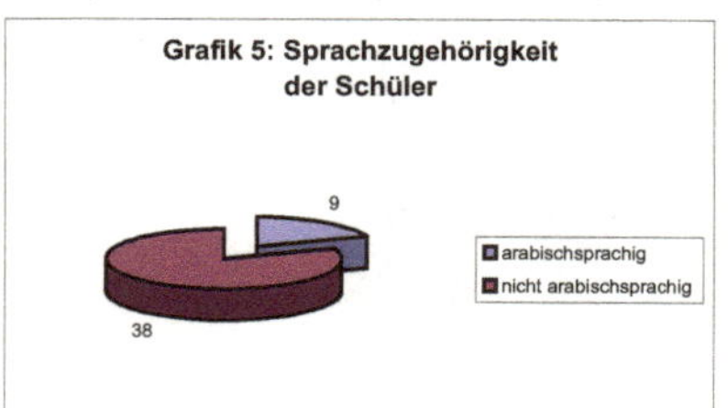

Die Schüler gaben insgesamt 102 von 268 Fragebögen ausgefüllt wieder zurück.

In Anbetracht der vorhandenen Skepsis und der Hemmschwellen, religiöse Fragen zu beantworten, kann festgestellt werden, dass die Religion zum persönlichen Bereich des Lebens gehört, über den die meisten Menschen nicht gerne öffentlich sprechen. Die Personen zeigen Bereitschaft, allgemein über die Religion zu diskutieren. Die Bereitschaft, darüber zu sprechen, wie die eigene Gestaltung aussieht, ist jedoch, unabhängig der religiösen Bildung, wesentlich geringer und kostet auch Theologen große Überwindung. Eine weitere Überwindung ist das Gestehen, dass wenig Wissen oder sogar Unwissen vorhanden ist.

Aufgrund der Zugangsmöglichkeiten zu den Muslimen verschiedener Nationalitäten, gerade bei den Erwachsenen, sind überwiegend die türkischen Muslime die Grundlage der Auswertungen. Die Repräsentativität für alle Muslime ist somit eingeschränkt. Die Ergebnisse vermitteln dennoch aufschlussreiche Erkenntnisse, die sicherlich auch für Muslime gültig sind, die keinen türkischen Hintergrund aufweisen.

Die Befragung hat schließlich aufklärenden Charakter mit aufschlussreichen und interessanten Ergebnissen. Wobei die Repräsentativität der Ergebnisse, auch in Abhängigkeit der niedrigen Zahl der 166 zurückgegebenen Fragebogen, im Vergleich zu der Zahl der 500.000[40] Muslime in Baden-Württemberg und der Bundesrepublik Deutschland von etwa 3 Millionen, selbstverständlich mit einer gewissen Sachdistanz zu beurteilen ist.

3.1 Die Jugendlichen

Die Fragen zur Feststellung des religiösen Bildungsstandes und der Religiosität der Jugendlichen richteten sich an muslimische Schüler der Klassen 7-9 der Gymnasien, der Realschulen und der Hauptschulen. Die weiterführende Sonderschule wurde hier bewusst ausgelassen. Es entstanden Bedenken, dass die Schüler der Sonderschulen mit der Beantwortung dieser Fragen überfordert sein könnten.

Die elf Fragen der Jugendlichen wurden bei den Studenten und den Erwachsenen durch andere erweitert. Die Eingrenzung der Fragen bei den Jugendlichen stand in Verbindung mit ihrem Alter, mit den Grundlagen der Religion, dem Grundwissen für die religiöse Lebensgestaltung (die Prämisse sind), und ihrer differenzierten Möglichkeiten, Jugendlichen anderen Glaubens zu begegnen. Schließlich wurden folgende Fragen ausgearbeitet und ausgewertet.

Auswertung von Frage 1:

Wie unterscheiden sich Christen und Moslems?

---

40 Pressemitteilung des Ministeriums für Kultus, Jugend und Sport von Baden-Württemberg vom 15.März 2005: E-mail der Pressestelle: vom 29.04.2005.

Den Unterschied zwischen Christen und Muslimen sehen vier Jugendliche in den verschiedenen Festen, neun Jugendliche in der äußeren Erscheinung (in den Kleidungsvorschriften, den Schmuckstücken, wie das Kreuz) der Gläubigen, 29 Schüler in den religiösen Pflichten und der damit verbundenen Strukturierungen des Lebens, 22 Schüler in den Ess- und Trinkgewohnheiten, 29 Schüler in der Nennung der Propheten, 19 Schüler in den heiligen Schriften, 19 Schüler in der Einheit und Dreieinigkeit Gottes, 15 Schüler in den unterschiedlichen Kultgebäuden und schließlich vier Schüler in den Ritualen, wie die der Beschneidung von Jungen manifestiert.

Die Beschneidung der Jungen, die von den Schülern angeführt und im Kindesalter vollzogen wird, ist keine Voraussetzung, um ein Muslim zu werden. Vielmehr ist dieses Ritual den Reinheitsgeboten im Islam zuzuordnen, die schon in der vorislamischen Zeit auf der arabischen Halbinsel üblich war. Durch die Feier erfolgt auch keine Aufnahme in die Gemeinschaft des Islams. Die „Beschneidung ist ein Übergangsritus, durch den ein Individuum aus einem sozialen Status in einen anderen übertritt." Es ist jeweils abhängig von der Rechtsschule an die ein Muslim zugehörig ist, ob die Beschneidung als religiöse Pflicht oder als ein Hadith des Propheten betrachtet wird.[41]

Der Hadith (auch Hadit geschrieben) und die Sunna sind zwei wichtige Überlieferungen (aus der Zeit des Propheten) im Islam, die den Muslimen eine Orientierung für die richtige Auslegung des Koran geben. Maier beschreibt die Begrifflichkeiten wie folgt:

Hadith:

> „Hadit nennt man die Überlieferungen von der [...] sunna, d.h. von den Handlungen und Aussprüchen Muhammads und seiner Gefährten [...] Diese bilden - neben dem Koran selbst - die wichtigste Quelle für die Lebensführung der Muslime und die muslimische [...] Auslegung des Korans." [42]

Sunna:

> „Erst in nachkoranischer Zeit bezeichnete [...] [sunna] die als normativ erachtete >>Gewohnheit<< des Propheten, soweit man sie aus der außerkoranischen Überlieferung (→Hadit) erschließen konnte. In dieser Bedeutung ist [...] [sunna] bis heute ein zentraler Begriff des muslimischen Rechts."[43]

Auswertung von Frage 2:

Welche Pflichten, Aufgaben oder Gebote der Moslems sind dir bekannt?

---

41 Khoury 1999: Islam-Lexikon, S.122.

42 Maier 2001: Koran-Laxikon, S.74.

43 Maier 2001: Koran-Laxikon, S.165.

Für die Jugendlichen gehören zu den religiösen Pflichten von Muslimen die fünf Säulen des Islam (das Glaubensbekenntnis, das Fasten, das Gebet, die Pilgerfahrt und die Abgabe von Almosensteuer) in folgender Aufteilung, wobei diese dann noch mit weiteren Pflichten ergänzt werden. 20 Schüler nennen das Glaubensbekenntnis, 69 Schüler das Fasten, 81 Schüler das Gebet, 62 Schüler die Pilgerfahrt und 46 Schüler die Almosensteuer. 20 Schüler geben die Einhaltung von Essgewohnheiten und 15 Schüler die Einhaltung von Trinkvorschriften an. Sechs Schüler ergänzen die Pflichten durch die Kleidungsvorschriften und 16 durch die Kopfbedeckung. Die Rezitation des Koran gehört für fünf Schüler ebenso zu den religiösen Pflichten wie der Besuch der Moschee durch sieben Schüler.

Zur Häufigkeit des Moscheebesuchs besteht jedoch keine religiös festgelegte Pflicht. Das Freitagsgebet soll nach Möglichkeit, gemeinsam in der Moschee gebetet werden. Dieses Gebot gilt nur für Männer.

Besondere Bedeutung zwischen den Pflichten eines Muslims nimmt für acht Jugendliche die Bestimmung ein, dass sie vor der Ehe keine Affäre eingehen und als Jungfrau in die Ehe eingehen sollen. Die von sieben Schülern angeführte Ehrlichkeit wird durch den von fünf Schülern betonten Respekt gegenüber den Eltern und den älteren Menschen abgerundet. Vereinzelt führen die Jugendlichen die Unterlassung von Lästern, Stehlen, Rauchen, sowie die Einnahme von Drogen auf Eigenschaften die ein Muslim aufweisen sollte, wie Toleranz, Akzeptanz, Nächstenliebe, Selbstbeherrschung, Geduld, Vermeidung von Eifersucht und Neid wurden ebenfalls genannt.

Auswertung von Frage 3:

Welche Pflichten, Aufgaben oder Gebote erfüllst du?

An vorderster Stelle der Pflichten, die erfüllt werden, kommt das Beten mit 44 von 102 Schülern und das Fasten mit 48 von 102 Schülern. In Anlehnung an ihr Alter und die Zukunft wird von sieben Schülern der Wille zur Pilgerfahrt bekundet und von sieben Schülern die Bedeutung der Almosensteuer sowie der Spende betont. Sechs Schüler geben an, dass sie nach ihren Möglichkeiten alle Pflichten erfüllen. Sechs Schüler meinen, von herzen zu Glauben. Neun Schüler sprechen das Glaubensbekenntnis aus. Elf Schüler gehen in die Moschee und fünf Schüler rezitieren den Koran. Während nur 17 Schüler die Einhaltung der Essgewohnheiten bezüglich des Schweinefleisches erfüllen, beachten elf Schüler das Alkoholverbot und zwei Schüler den Rauchverbot. Vier Schüler geben an keine Tattoos zu haben. Sieben Schüler respektieren ältere Personen und ehren ihre Eltern. Vier Schüler beachten die Kleidungsvorschriften und eine Schülerin trägt eine Kopfbedeckung. Der Glaube an den Tag des jüngsten Gerichts, die Vorschriften als Jungfrau in die Ehe einzugehen, tolerant zu sein und nicht zu töten sowie das Feiern der Feste, werden von je einem Schüler angeführt.

Warum die Jugendlichen bestimmte Pflichten, Aufgaben oder Gebote erfüllen oder nicht erfüllen, begründen sie mit folgenden Aussagen:

Zehn Schüler sehen die Notwendigkeit der Pflichterfüllung darin, dass sie von Gott gegeben sind. Für acht Schüler genüge der Glaube an Gott und an das Jenseits. Die Unterlassung der religiösen Pflichten sei eine Sünde. Fünf Schüler möchten ein guter Muslim sein und infolgedessen etwas für ihre Religion tun. Drei Schüler empfinden die Erfüllung der religiösen Pflichten als leicht. Wobei zwei der genannten Schüler versuchen, alle religiösen Pflichten in ihrer Gesamtheit zu erfüllen versuchen und einer sich für das Fasten entscheidet, weil das Fasten für ihn am Leichtesten zu erfüllen ist. Der Spaßfaktor spielt für drei Schüler die entscheidende Rolle, die religiösen Pflichten zu erfüllen. Bei zwei Schülern gehört die Umsetzung der religiösen Pflichten zu ihrem Alltag, zum einen durch das Vorbild ihrer Eltern zum Anderen aus eigener Gewohnheit. Vier Schüler erwähnen, dass sie für die Erfüllung bestimmter religiöser Pflichten, wie die Pilgerfahrt, die Abgabe von Almosensteuer und die Kopfbedeckung, noch zu jung seien. Die letzte Begründung hat eine religiöse Fundierung, denn manche Pflichten stehen in Verbindung mit ihrer Erfüllbarkeit, wie z.B. die Abgabe der Almosensteuer, an eine Einkommenshöhe, das Tragen der Kopfbedeckung, an die Pubertät gebunden ist. Manche Schüler stufen die religiösen Pflichten nach ihrer Bedeutung ein. Diese weniger religionswissenschaftliche als vielmehr persönliche Einstufung der Pflichten nach ihrer Wichtigkeit, führt zur Erfüllung bestimmter Pflichten und der Vernachlässigung anderer. Für einen Schüler ist das Gebet die wichtigste religiöse Pflicht und für den anderen das Verteilen des Opferfleisches an die Bedürftigen zum Opferfest. Ein Schüler ist sich bewusst, dass der Alkohol süchtig macht und trinkt es aus diesem Grund nicht. Drei Schüler begründen ihre Entscheidung kein Schweinefleisch zu essen mit den Vorstellungen, dass das Schweinefleisch ungesund und unsauber sei und dass das Schwein ein Allesfresser ist.

Die Schüler, die die religiösen Pflichten nicht erfüllen können, kann man gliedern in fünf Gruppen. Die erste Gruppe mit zwei Schülern sehen ganz besonders im Fasten eine persönliche Überforderung in der Vereinbarkeit der Erfüllung der religiösen Pflichten, mit den Anforderungen der Schule, ihrer Hobbys (Schwimmen, Fußballspielen) und ihrer Freizeitgestaltung mit ihren Freunden. Die zweite Gruppe mit 3 Schülern meinen sie seien nicht so sehr muslimisch. Die dritte „Gruppe" mit einem Schüler begründet ihre mangelnde Pflichterfüllung mit ihrer Zugehörigkeit zu den Aleviten. Die vierte „Gruppe" der Schüler betont mit einem Schüler, dass die Erfüllung der religiösen Pflichten eine persönliche Angelegenheit ist. Die letzte „Gruppe" mit einem Schüler hat keine Vorstellung darüber, weshalb sie die Pflichten nicht erfüllt.

Auswertung von Frage 4:

Kennst du die Bedeutung der Suren, die während des Gebets auf arabisch gesprochen werden?

Der direkte Zugang zum Koran und damit zur islamischen Religion ist den arabischsprachigen Muslimen offen. Die fehlende Sprachfähigkeit in der arabischen Sprache wirkt erschwerend auf den Zugang der Muslime nicht arabischen Ursprungs auf die Quellen der Religion. Sie sind auf Interpretationen und Übersetzungen des Koran und anderer Bücher angewiesen. Das rituelle Gebet, die durch eine bestimmte Abfolge von Bewegungen und den sie begleitenden Rezitationen aus dem Koran festgelegt ist, ist gebunden an die arabische Sprache. Dies bedeutet für den Betenden, dass er die Bedeutung der Gebete erlernen sollte, um die Inhalte zu verstehen.

Die Antworten der Schüler über ihre Kenntnisse bezüglich der Gebetsinhalte, gliedern sich nach der Sprachzugehörigkeit der Schüler wie folgt:

Sprachkenntnisse:	**Grad der Kenntnisse:**	**Häufigkeit der Nennungen nach Schulart:**		
		Gymnasium	**Realschule**	**Hauptschule**
arabischsprachig	Ja:		2	2
	Nein:			1
	Von wenigen:	3	1	3
nicht arabischsprachig	Ja:	1	1	7
	Nein:	2	14	21
	Von wenigen:	3	13	28

Tabelle 3: Kenntnisse der Schüler über die Gebetsinhalte

Dieses Ergebnis zeigt, dass von elf arabischsprachigen Schülern nur einer die Bedeutung der Gebete nicht kennt, während sich das Verhältnis bei den nicht arabischsprachigen Schülern gänzlich anders darstellt. 21 von 56 nicht arabischsprachigen Schülern kennen die Inhalte ihrer Gebete nicht. In diesem Bereich sind die Eltern gefordert sich religiös zu bilden und religiöse Erziehung zu leisten. Die Koranschulen sind gefordert die dafür notwendige Unterstützung zu gewährleisten. In diesem Bereich haben die Koranschulen eine große Bedeutung, die durch die religiöse Bildung an den öffentlichen Schulen nicht geleistet werden kann.

Auswertung von Frage 5:

Warum wird im Islam gefastet?

66 Schüler gehen davon aus, dass die Bedeutung des Fastens liegt darin, den Menschen das Gefühl zu vermitteln, sich wie Arme in der Not zu fühlen um bei den Übrigen das Mitleidsgefühl hervorzuheben. Wiederum andere sechs Schüler sehen darin eine Orientierungsquelle (die Sicherheit gibt), eine Übung der Geduld, der Selbstbeherrschung und der Selbstkontrolle (auch der natürlichen Triebe) für eine eventuell kommende Notsituation. Elf Schüler sehen im Fasten die Anweisung Gottes, die er im Koran festgelegt hat. Für fünf Schüler ist die Reinigung der Seele und des Körpers vordergründig. Für vier Schüler vermittelt das Fasten der Menschheit die Bedeutsamkeit der Nahrung im Leben des Menschen und erzieht den Menschen zur Dankbarkeit gegenüber den Gaben Gottes. Für zwei Schüler liegt die Hauptaufgabe des Fastens im längeren Aufenthalt der Muslime in der Moschee, in der näheren Beschäftigung mit Gott und der Religion. Während ein Schüler im Fasten eine reine Tradition sieht, verstehen zwei Schüler darin die Möglichkeit, sich von Sünden zu befreien und sich auf die Vermeidung von Fehlern zu besinnen, damit sie (von Gott vergeben) in den Himmel kommen.

Fastest du? Ja Nein, weil:________ Manchmal

81 von 102 Schüler fasten immer. Sieben weitere Schüler fasten nur manchmal. 13 Schüler fasten nicht, ihre Gründe sind unterschiedlich.

Sieben Schüler erfüllen die Pflicht zum Fasten nicht, weil sie es als Überforderung in Verbindung mit der Schule sehen. Während zwei Schüler nicht begründen können, weshalb sie nicht fasten, halten vier Schüler das Fasten für nicht notwendig. Hierzu zwei Aussagen:

> „Ich bin nicht an die Regeln der Armen gebunden.
>
> Ich weiß, dass so was wie Hunger nie passieren wird.“[44]

Ein Schüler verbindet seinen Verzicht auf das Fasten mit seiner mangelnden Lust und ein anderer Schüler sagt, er sei nur ein „halber Moslem“.

Auswertung von Frage 6:

Aus welchem Grund opfert man ein Tier im Islam?

Mit dem Grund zum Opfern von Tieren bilden fünf Schüler eine falsche Verbindung zu einer Tatsache aus der Geschichte. Sie sind der Meinung, dass die Tiere stellvertretend für Kinder geopfert werden. Die Tötung der Kinder soll dadurch ersetzt worden sein. In der vorislamisch arabischen Zeit war die Tötung vieler neugeborener Mädchen üblich, welches mit dem Islam abgeschafft wurde. Die religiöse Pflicht der Opfergabe hat ihre Ursache jedoch in der Geschichte von Abraham und seinem Sohn

[44] Zitate von Schülern aus der Befragung.

und nicht in der Tatsache, dass damals viele Neugeborene getötet wurden. Mit dem Opfern eines Tieres kommt der Gehorsam und die Frömmigkeit Abrahams gegenüber Gott zum Ausdruck. In dieser Geschichte sehen 48 Schüler richtigerweise den Grund der Opfergabe. 29 Schüler sehen den weiteren Sinn des Opferns im Verteilen eines Teiles vom Fleisch des Opfertieres an die Armen. Dadurch haben die Armen die Möglichkeit, mindestens einmal im Jahr Fleisch zu kosten. Fünf Schüler finden den Anlass des Opferns darin, dass sich Menschen begegnen und ein Glücksgefühl entwickeln, die sie bezüglich einer Sache empfinden. Zwei Schüler führen die Pilgerfahrt als Grund des Opferns an. Dies hat die religiöse Grundlage, dass zur Erfüllung der religiösen Pflicht, der Pilgerfahrt nach Mekka, vor Ort ein Opfer gebracht werden muss. Der Mensch findet nach der Begründung von drei Schülern im Opfern Gesundheit.

Auswertung von Frage 7:

Aus welchem Grund ist der Genuss von Alkohol im Islam untersagt?

Das Verbot des Alkohols wird von 29 Schülern in das Verbot von allen gesundheitsschädlichen Dingen eingeordnet. Zwei Schüler heben dabei die Suchtgefahr des Alkohols hervor. Der Einfluss des Alkohols auf das Bewusstsein des Menschen und die daraus resultierenden Folgen, wie die Beeinträchtigung der Selbstkontrolle, der Urteilsfähigkeit, der Konzentration beim Gebet und die infolgedessen entstehende Gefahr der Person, sich selbst und der Gesellschaft gegenüber, wird von 43 Schülern bekräftigt. 24 Schüler sehen im Verzicht auf den Genuss von Alkohol eine religiöse Pflicht, die im Koran steht und verbinden deren Unterlassung mit einer Sünde. Zwei Schüler verbinden das Verbot des Alkohols mit der schädlichen Wirkung auf den Körper sowie dem Absterben von Gehirnzellen. Ein Schüler sieht einzig die Enthaltung von Genuss als Grund für den Alkoholverbot. Eine Erklärung, wie es zum Alkoholverbot kam, wird nur durch einen Schüler angerissen. Er sagt, dass die Menschen zu viel getrunken hätten und es zum Streit gekommen sei.

Auswertung von Frage 8:

Warum darf man kein Schweinefleisch essen?

Das Schwein ist ein Allesfresser. Zu seinen Nahrungsmitteln gehören Ausscheidungen, verendete tote Tiere und Müll. Diese Nahrungsmittel bilden für 20 Schüler den Grund für das Verbot von Schweinefleisch. Zudem sind alle Tiere, zu deren Nahrungsmittel andere Tiere oder Fleisch gehören, nicht erlaubt. Für 16 Schüler sind nur Pflanzenfresser und Wiederkäuer erlaubte Tiere. Das Schwein ist kein Wiederkäuer und gehört damit zu den verbotenen Tieren der Ernährung des Muslim. Ein Schüler führt an, dass nicht nur das Fleisch vom Schwein verboten ist, sondern zum Beispiel auch das Essen von Muscheln. Das Verbot der

Muscheln gilt jedoch nicht allgemein für alle Muslime und betrifft nur Zugehörige einer bestimmten Rechtsschule des Islam. Ebenso gilt für 33 Schüler das Schwein als ein unreines schmutziges Tier, welches mit seiner Lebensweise in Zusammenhang steht. Zwei der Schüler schreiben, dass das Schweinefleisch verboten sei, weil beim Schlachten nicht das Gebet für das Tier gesprochen wird. Dieses Wissen vermengen die Schüler jedoch mit der allgemeinen Regel, das nur das Fleisch von rituell geschlachteten Tieren gegessen werden soll. Dies gilt auch für erlaubte Tiere. Bei der rituellen Durchführung des Schlachtens wird für die Seele der Tiere gebetet. Für elf Schüler ist das Verbot eine religiöse Pflicht, deren Unterlassung zur Sünde führt. 41 Schüler sehen die Hintergründe des Verbotes in der Gefahr, durch das Schweinefleisch könnten Krankheiten verursacht werden. Das Tier enthält für diese Schüler, Trichine (Würmer) und Bakterien. Hinzu kommt, dass das Fleisch in der Hitze sehr schnell verfault. Für drei Schüler jedoch hat die Pflicht ihre Gültigkeit verloren, weil es heute Kühlschränke gibt und andere Bedingungen herrschen. Die besseren Lagermöglichkeiten für das Fleisch stellen jedoch nur eine persönliche Meinung für die individuelle Entscheidung zur Aufhebung des Verbots von Schweinfleisch dar. Für die Gelehrten ist dies keine Grundlage.

Auswertung von Frage 9

Frauen sollen im Islam ein Kopftuch tragen?

Trägst du ein Kopftuch? Ja Nein Manchmal.

Sprachkenntnisse:	**Häufigkeit des Tragens der Kopfbedeckung der Schüler:**	**Häufigkeit der Nennungen nach Schulart:**		
		Gymnasium	**Realschule**	**Hauptschule**
Arabischsprachig	Ja:	1		
	Nein:			2
	Nein, ich bin ein Junge:	1	3	1
	Manchmal:			
nicht arabischsprachig	Ja:		1	1
	Nein:	2	18	15
	Nein, ich bin ein Junge:	1	4	9
	Manchmal:	2	2	10

Tabelle 4: Trageverhalten der Schüler bezüglich der Kopfbedeckung

Die Frauen müssen für neun Schüler ein Kopftuch tragen, um nicht auf die Männer anregend zu wirken. Sie dürfen für neun Schüler nur von ihrem eigenen Mann ohne Kopftuch gesehen werden. Sechs Schüler sehen die Kopfbedeckung als eine religiöse Pflicht, deren Unterlassung eine Sünde ist. Drei Schüler sehen im Kopftuch ein Erkennungsmerkmal einer Muslimin, der man entsprechend begegnen kann. Zehn Schüler bekunden ihren Willen eine Kopfbedeckung zu tragen, finden sich aber noch zu jung dafür. Sechs Schüler erklären, dass Frauen und Schülerinnen mit einer Kopfbedeckung Schwierigkeiten haben. Sie haben Probleme, eine Arbeit zu finden, haben weniger Rechte und werden in der Schule immer geärgert. Ein an die Umgebung und die Situation angepasstes Trageverhalten weisen 15 Schüler auf. Sie tragen ihre Kopfbedeckung nur in Situationen, die direkt in Verbindung mit religiösem stehen, zum Beispiel in der Moschee oder beim Koranlesen. Andere Schüler tragen ihre Kopfbedeckung nur in der Heimat, um sich dort ihrer Umgebung anzupassen und nicht ausgeschlossen zu werden. Einige Schüler tragen keine Kopfbedeckung in der Schule, weil es dort verboten ist. Von den Schülern, die keine Kopfbedeckung tragen, besitzen sieben die Ansicht, dass das Tragen der Kopfbedeckung im Islam keine Pflicht sei und der Koran dies nicht vorschreibe. Weitere sieben Schüler führen an, dass sie keine Lust haben, wobei Einige es schon ausprobiert und wieder abgelegt hätten. Zwölf Schüler betonen, dass sie sich aufgrund eigener Entscheidung und ohne Zwang durch ihre Eltern gegen das Tragen einer Kopfbedeckung entschieden haben. Ein Schüler sieht in der Kopfbedeckung einen Sinn der über die Religion hinausreicht. Dieser Schüler sieht die Kopfbedeckung als einen Sonnenschutz an.

Auswertung von Frage 10:

Erschwert dir deine Religion das Zusammenleben mit anderen Menschen (Freunde, Bekannte, Verwandte, Klassenkameraden und / oder andersgläubige Personengruppen)?

37 Schüler erleben keinerlei Schwierigkeiten im Zusammenleben mit Anderen. 20 Schüler beruhen sich auf den Islam und sagen, das sie sich auch mit anderen verstehen müssen und tolerant denken sollen. Sie ergänzen das Nächstenliebe, gegenseitiger Respekt und Kompromisse, Bestandteil ihres Zusammenlebens sind. Sechs Schüler beurteilen ihre Freunde nicht nach ihrer Religion und dürfen auch mit Andersgläubigen spielen. Drei Schüler bekunden, dass die meisten ihrer Freunde Muslime bzw. Türken sind. Ein Schüler hat auch Verwandte, die eine andere Religion haben, und hat keinerlei Schwierigkeiten. Ein Schüler betont, dass er als Junge keine spürbaren Schwierigkeiten erlebt und lässt den Eindruck, dass Mädchen hiervon mehr betroffen sind. Ein Schüler, der keine Schwierigkeiten im Zusammenleben mit Andersgläubigen hat, verbindet diese Tatsache mit seinem Äußeren, der auf keine Verbindung

schließen lassen würde, dass er ein Muslim ist. Bekräftigung findet die Verbindung zwischen der äußeren Erscheinung der Muslime und den Schwierigkeiten, die sie im Zusammenleben haben, durch zwei weitere Schüler. Sie sagen, dass die Gesellschaft Vorurteile gegenüber den Südländern hat und der Meinung ist, sie seien alle aggressiv, gewalttätig und würden ihre Probleme mit Fäusten regeln. Vier Schüler haben Schwierigkeiten durch die einseitigen Berichte über Terror und Gewalt. Zwei Schüler bekunden nur, dass sie Schwierigkeiten haben und geben diesbezüglich keine Erklärung. Zwei Schüler fühlen sich durch ironische Bemerkungen ihrer Umgebung belästigt, die sie über Muslime machen. Eine Schülerin fühlt sich angegriffen durch die Kategorisierung ihrer Gestaltung des religiösen Lebens. Sie wird konfrontiert mit Behauptungen, dass sie nicht an den Koran glauben würde. Ein Schüler gibt an, dass er nicht religiös sei, und deshalb Schwierigkeiten im Zusammenleben mit Anderen erleben würde. Er schreibt, dass er angegriffen und beleidigt wird. Zwei Schüler haben nur sporadisch Schwierigkeiten, wenn ihre Freunde sie als „Langweiler" ansehen, weil sie kein Alkohol konsumieren. Während drei Schüler ohne Erklärung bekunden, dass sie nur gelegentlich mit Schwierigkeiten konfrontiert sind, erklären drei Schülerinnen, dass sie Schwierigkeiten in der Begegnung mit Jungen haben. Aus der Tatsache, dass sie keinen Freund haben dürfen, ergeben sich falsche Gerüchte, wenn sie gelegentlich mit Jungs sprechen.

Auswertung von Frage 11:

Medien (Fernsehen, Zeitungen usw.) beeinflussen das Bild, die andere Menschen über Moslems haben.

Welchen Einfluss hat diese Tatsache auf das Zusammenleben?

Die Berichte der Medien haben für sieben Schüler keinen Einfluss auf das Zusammenleben. Zwei Schüler schreiben, dass die Berichterstattung nur auf manche einen Einfluss habe. Ein weiterer Schüler schränkt die vorhandenen Schwierigkeiten auf den Kreis der Erwachsenen ein und schreibt, dass Kinder keinen Unterschied machen. Fünf Schüler sehen die Verbindung von Islam und Terror in den Medien. Die dadurch entstehenden Vorurteile, produzieren Angst vor dem Islam und erschweren nachhaltig das Zusammenleben. Ein Schüler beschreibt den Einfluss der Medien in Abhängigkeit der Berichtsinhalte (positiv oder negativ). Negative Berichte verfestigen bei 24 Schülern die Vorurteile und entwickeln falsche Bilder über den Islam, so dass der Islam mit Terrorismus verwechselt wird. Sie beklagen die verallgemeinerte Darstellung der Frau, eine unterdrückte Person zu sein, und dass der Vater für die Tochter den Mann auswählen würde. Ein Schüler betont seine Machtlosigkeit und schreibt, dass er nichts daran ändern kann.

3.2 Die Studenten

Beantwortet haben die Fragebögen 29 Studenten im Durchschnittsalter von 24 Jahren. Diese 29 Studenten studieren an den Universitäten in Karlsruhe, Köln, Mainz und in Germersheim. Ebenso studieren einige an der Fachhochschule und der Pädagogischen Hochschule in Karlsruhe. Sie studieren im Einzelnen die Studienrichtungen Architektur, Bauingenieurwesen, Chemieingenieurwesen, Elektrotechnik, Informatik, Kommunikationstechnik, Lehramt, Maschinenbau, Medizin, Pädagogik, Sozialwesen, Übersetzung, Wirtschaftswissenschaften, Verfahrenstechnik, Vertriebsingenieurwesen. Zu ihren Herkunftsländern gehören Deutschland, Iran, Libanon, Marokko, Pakistan, Syrien, Tunesien sowie die Türkei. 20 der Studenten haben ihre schulische Laufbahn in der Bundesrepublik Deutschland abgeschlossen und sind sogenannte Bildungsinländer. Die deutsche Staatsangehörigkeit besitzten 8 Studenten.

Die Fragen zur Feststellung des religiösen Bildungsstandes und der Religiosität der Studenten haben durch die Erweiterung der Schülerfragen einen Umfang von 19 Fragen erhalten. Bei der Erweiterung wurde Wert darauf gelegt, inwiefern sich die religiöse Bildung bei den Studenten vertieft. Schließlich wurden die folgenden Fragen aufgestellt und ausgewertet.

Auswertung von Frage 1:

Eine religiöse Erziehung ist im Leben unabdingbar?!

Die religiöse Erziehung ist für 15 weibliche und für 13 männliche Studenten unabdingbar. 13 Studenten sehen in der Liebe zu Gott, die die Gläubigen erfahren, eine Stärkung der Persönlichkeit, der Psyche, der Moral und des Anstandes infolgedessen der Gläubige glücklich wird. Die Religion stärkt für einen Studenten nicht nur die Persönlichkeit des Menschen, sondern auch seine wissenschaftliche Betätigung und damit die Wissenschaft. Für sieben Studenten erhält das Leben durch die Religion einen Sinn. Das Leben ist für sie eine Prüfung für den Tag der Auferstehung, das für den Frieden nach dem Tod genutzt werden muss und Hoffnung gibt. Sieben Studenten finden, dass die Religion das Leben ordne und stabilisiere, Sicherheit, Orientierung und Ziel gebe. Zwei Studenten betrachten die Religion als ein Prinzip und Prinzipien sind für sie unabdingbar. Die Religion vermittelt für acht Studenten Werte wie Ehrlichkeit und fördert die Toleranz wie auch das Zusammenleben. Aus diesem Grund ist sie gut für die Gesellschaft und für eine gesunde Weltanschauung der Menschen.

Auswertung von Frage 2:

Wo und wie haben Sie religiöse Erziehung und / oder religiöse Bildung erhalten?

27 Studenten haben in familiärer Umgebung religiöse Bildung erfahren. Während 17 Studenten den Korankurs besuchten, erlernten nur elf die arabische Schrift. Im freiwilligen muttersprachlichen Ergänzungsunterricht haben nur zwölf Schüler Religionsunterricht erhalten. Ihre religiöse Bildung haben acht Studenten über den Religionsunterricht der Schule im Herkunftsland erworben. Nur ein Student konnte in der BRD den Religionsunterricht an der öffentlichen Schule besuchen. Neun Studenten haben aus eigenem Interesse eigenständig etwas über ihre Religion gelernt. Dazu wurden der Koran, andere Bücher, religiöse Programme, Dokumentationen aus dem Fernsehen herangezogen. Darüber hinaus wurde an kostenlosen Seminaren und Vorträgen von Organisationen, Vereinen und Moscheen teilgenommen. Das Wissen von Freunden und Bekannten, das gemeinsame Lernen und Privatunterricht waren diesbezüglich förderlich.

Auswertung von Frage 3:

Welche religiösen „Pflichten" erfüllen Sie selbst?

Die Erfüllung der religiösen Pflichten, die die fünf Säulen des Islams umfassen, ist auch bei den Studenten unterschiedlich gewichtet. Dieses Ergebnis steht mit ihrem Alter und ihrer finanziellen Lage in Verbindung. 18 von 29 Studenten verrichten ihre täglichen Gebete und 15 von diesen gehen regelmäßig zum Freitagsgebet in die Moschee. 26 Studenten fasten und 15 Studenten geben ihre Almosensteuer ab und zwei haben die Pilgerfahrt erfüllt.

Während fünf von 15 Studentinnen eine Kopfbedeckung tragen beachten acht Weitere die Kleidungsvorschriften nur sehr allgemein und versuchen sich nicht zu offen zu kleiden. Dem Letzteren schließen sich sechs männliche Studenten an. 23 Studenten empfinden die Beachtung der Vorschrift bezüglich des Alkoholgenusses und 27 Studenten die Beachtung der Vorschrift für die Ernährung bezüglich des Verzichts auf das Schweinefleisch als sehr wichtig.

Auswertung von Frage 4:

Kinder sollten:

Während 25 Studenten finden, dass die Kinder ihre religiösen Pflichten können sollten, sind 28 der Meinung, dass sie vielmehr mit den Hintergründen ihrer Pflichten vertraut sein sollten. Zehn Studenten sind der Meinung, dass die Kinder selbst entscheiden sollten, welche religiösen Pflichten sie erfüllen können und wollen. 18 Studenten bekunden, dass die Kinder ihre Pflichten erfüllen sollen, soweit diese nach ihrem Alter von ihnen gefordert wird. 22 Studenten finden, dass die Kinder beten und fasten sollten. Bei zwölf Studenten wird die Meinung vertreten, dass die Kinder eine Kopfbedeckung tragen sollten, während 15 Studenten bekunden, dass die Beachtung der Kleidungsvorschriften genügt. Die Korankurse sind für 20 Studenten wichtig, die deren Besuch durch die Kinder bedeutend finden. Das Erlernen der arabischen Schrift durch die Kinder ist für 19 Studenten wichtig. Für 23 Studenten ist es entscheidend, dass die Kinder das religiös-soziale Leben in einer kulturellen Umgebung und/ oder in der Moschee kennen lernen. Die religiöse Bildung im Regelunterricht der Schule zu erfahren, ist für 17 Studenten elementar.

Des Weiteren wird von einzelnen Studenten ergänzt, dass Kinder religiöse Bildung in allen Religionen erfahren sollten und niemals gegen ihren Willen zu etwas gezwungen werden dürfen. Sie heben hervor, dass es den Islamunterricht in der Schule geben sollte. Ein Student ist davon überzeugt, dass die Kinder die Geschichte des Herkunftslandes kennen und alle Elemente erhalten sollten, um sich für oder gegen den Islam als ihre persönliche Religion zu entscheiden.

Auswertung von Frage 5:

Welche Inhalte des Koran sind Ihnen besonders wichtig?

Der gesamte Inhalt des Koran erachten elf Studenten für wichtig. Bereiche, die das soziale Miteinander, die Nächstenliebe, die Hilfsbereitschaft und gute Taten thematisieren, sind für acht Studenten wichtig. Fünf Studenten finden die Geschichte des Propheten Mohammed beeindruckend. Die Geschichte der Propheten und die Geschichte des Menschen von Adam bis zum Propheten finden das Interesse von drei Studenten. Die Bereiche zur Lebensgestaltung, den religiösen Pflichten, das Diesseits und den Eigenschaften, die ein Muslim haben sollte werden von zwölf Studenten hervorgehoben. Während die Betonung von Bildung und Wissenschaft in Anlehnung an die erste Pflicht im Koran von vier Studenten aufgeführt werden, würden sich acht Studenten lieber mit den Inhalten Recht und Gerechtigkeit, Menschenrechte, Frauenrechte und die Rechte der Tiere befassen. Fünf Studenten finden die Informationen zum Sinn des Lebens, über die Zukunft und das Leben nach dem Tod und das Jenseits (Hölle, Paradies) grundlegend. Ein Student erwähnt die Art der Sprache, die Metaphern des Koran wesentlich. Von einzelnen werden die Bereiche zur Einheit Gottes, zur Disziplin, zur Ehrlichkeit, zum Verrat, zum Schicksal, zur Betonung von Hygiene und Sauberkeit angeführt. Für 3 Studenten sind bestimmte Verse von Bedeutung. Dazu gehören im allgemeinen Verse die eine Lehre beinhalten und im speziellen die Suren Yasin, Al-Fatiha und Al-ikhlas.

Auswertung von Frage 6:

Was beeindruckt Sie am Leben Mohammeds am meisten?

Das Leben des Propheten Mohammed ist für die Studenten in vielerlei Hinsicht beeindruckend. Am meisten werden jedoch seine persönlichen Eigenschaften und sein Charakter hervorgehoben. Zehn Studenten beschreiben den Propheten als bescheiden, geduldig, barmherzig, rechtschaffend, mutig, nachsichtig, nicht rachsüchtig, aufrichtig, entschlossen, gradlinig, tugendhaft, gelassen, demütig, moralisch und dankbar. Zwei Studenten schreiben, dass er der Menschheit den richtigen Weg gezeigt habe, obwohl er Analphabet war. Er war intelligent, hatte Wissen und Verstand. Er war ein weiser Mensch. Seinen Umgang mit anderen Menschen und Religionen heben drei Studenten hervor. Für sechs Studenten war er eine vollkommene besondere Persönlichkeit, ein Vorbild für alle. Im Besonderen in der Rolle als Ehemann beeindruckte er vier Studenten. Als Vater findet er Erwähnung durch einen Studenten. Die Stärke seines Glaubens, seine Opferbereitschaft, seine Zielstrebigkeit, seine Unbeirrbarkeit, seine Unermüdlichkeit bei der Verbreitung des Islams sowie die Überzeugungskraft des Propheten durch Dialog finden zwölf Studenten imponierend. Seine Schicksalsschläge (er verlor zum Beispiel seine Eltern sehr früh) ließen ihn nicht verirren. Sie brachten ihn dazu, dass er das Leben umso mehr schätzte und die Menschen liebte. Dies wird von einem Studenten als beeindruckend empfunden. Die Entwicklung, dass der Prophet aus unzivilisierten Menschen, „die Führer der Welt" machte, bemerkt ein Student. Ein Student hebt die Tatsache hervor, dass Mohammed als einziger Prophet Gott sehen durfte.

Auswertung von Frage 7:

Welche Ereignisse aus der Geschichte des Islam fallen Ihnen ein?

18 Studenten erinnern sich an Kriege und Schlachten, bei der Verbreitung des Islams von Spanien bis nach China sowie nach Nordafrika. Erwähnung finden die Kriege und Schlachten von Uhud, Bedir, Hendek, Ridda und die Auswanderung von Mekka nach Medina. Je drei Studenten erinnern sich an das Leben, an den Tod des Propheten und an die Geschichte von Abraham und seinem Sohn. Je zwei Studenten denken an die Rolle der Frau, den Aufstieg des Propheten zu Gott und an das Osmanische Reich. An die Rolle des Mannes, an den Beginn des Prophetentums, an Omar, dem zweiten Kalifen, die Konvertierung, die Wunder, das arabische Volk, die Geschichte von Yunus, an das Erste Gebot von Gott, den Gebetsruf von Bilal-Habes (der erste Muezzin auf Erden), an den Beginn des Islam in der Hira Höhle, an die Personen und Geschichten, die auch in der Bibel vorkommen (Jesus, Noah), an das schrittweise eingeführte Verbot des Alkohols und an die Eroberung Istanbuls durch die Türken erinnern sich jeweils nur einzelne Studenten.

Auswertung von Frage 8:

Welche Rechte und Pflichten der Frau und des Mannes im Islam sind Ihnen bekannt?

Die Rechte und Pflichten der Frau und des Mannes im Islam sind den Muslimen aus verschiedenen Quellen bekannt, die sich bei den befragten Studenten wie folgt präsentiert:

Die Rechte und Pflichten der Geschlechter sind mir bekannt:	**Häufigkeit der Nennungen nach Geschlecht:**	
	Weiblich	**männlich**
Aus dem Koran und / oder den Hadithen des Propheten.	10	10
Durch überlieferte Tradition und vermitteltem Familienleben.	9	3
Ich kenne keine spezifischen Rechte und Pflichten der Geschlechter	3	1

Tabelle 5: Quellen der Kenntnisse der Studenten über die Aufgaben der Geschlechter

Die Rechte und Pflichten der Frau beziehen sich auf ihre Positionen als Muslimin, als Ehefrau, als Mutter und als Tochter.

Sechs Studenten nach hat die Frau die religiösen Pflichten, die sich aus den fünf Säulen des Islams ergeben, zu erfüllen. Je zwei Studenten betonen das Recht der Frau auf Bildung und Arbeit. Ein Student schreibt, dass die Frau die Pflicht habe, ihre Religion zu studieren und ein weiterer Student hebt dabei das Leben des Propheten hervor. Vier Studenten messen der Beachtung der Kleidungsvorschriften und zwei Studenten dem Tragen einer Kopfbedeckung eine große Bedeutung zu. Eigenschaften wie Ehrlichkeit und Güte gehören für je zwei Studenten zur Pflicht einer Frau. Von zwei Studenten wird bekräftigt, dass die Frau nicht lästern dürfe.

Bezüglich der Ehe müsse die Frau zwei Studenten nach ihre Jungfräulichkeit bis zur Heirat bewahren. In der Ehe habe sie für acht Studenten die Pflicht, ihrem Mann gegenüber treu zu sein. Neun Studenten schreiben der Frau zu, dass sie ihren Mann achten, ehren, ihn respektieren und ihm gehorchen müsse, solange er Recht hat. Die Frau hat für drei Studenten das Recht auf die Äußerung von konstruktiver Kritik und eigener Meinung. Zwei Studenten erwarten von der Frau die finanzielle Unterstützung ihres Ehemannes. Die Versorgung der Familie und die Erledigung häuslicher Arbeiten gehören für sieben Studenten zu den Pflichten einer Ehefrau und Mutter. Zwölf Studenten sehen die Kindererziehung als die Pflicht einer Mutter, wobei im Besonderen die islamische Kindererziehung hervorgehoben wird. Als Tochter hat die Frau die Pflicht, sich um ihre Eltern zu kümmern, sie zu pflegen und ihnen zu gehorchen. Drei Studenten vertreten den Standpunkt, die Pflichten der Frau und des Mannes würden sich in der Partnerschaft ergänzen und einander entsprechen.

Die Rechte und Pflichten des Mannes beziehen sich ebenso auf seine Positionen als Muslim, als Ehemann, als Vater und als Sohn, wie bei der Frau.

Zu den Pflichten des Mannes gehöre in erster Linie, unterstützt von 14 Aussagen von Studenten, die finanzielle Versorgung der Familie. Weitere Pflichten gegenüber seiner Familie ergeben sich in den Aufgaben gegenüber seiner Frau, seinen Kindern, seinen Eltern wie auch den anderen Frauen der Familie. Fünf Studenten schreiben, dass der Mann die Familie, besonders die Frauen in der Familie, schützen müsse. Zu den aufgeführten Frauen gehören seine Mutter, seine Schwestern und seine Ehefrau. Drei Studenten führen die Pflicht des Mannes an, sich um seine Eltern zu kümmern und fügen an, dass er sie ehren, pflegen, lieben und respektieren müsse. Als Ehemann habe der Mann, für zwölf Studenten, die Pflicht, seine Frau zu ehren, zu achten, ihr treu zu sein und ihre sexuellen Bedürfnisse zu befriedigen. In der Position als Vater muss er gut und barmherzig sein. Dies bemerken drei Studenten. Die Kindererziehung sehen sieben Studenten auch als einen Teil seiner Pflichten an. Er muss hierbei auf die islamische Erziehung seiner Kinder Wert legen und ein Vorbild bezüglich der Erfüllung der religiösen Pflichten darstellen. Die religiöse Gestaltung seines Lebens gehört für vier Studenten zu den allgemeinen Aufgaben des Mannes als Muslim. Ein Student bekräftigt, dass der Mann für die Bildung der Familie sorgen müsse, dazu gehört aber, dass er selbst ein Pensum an Wissen erwirbt. Ein Student hält es für wichtig, dass der Mann das Leben des Propheten studiert, ehrlich ist, versucht ein guter Mensch zu sein, den Armen hilft und nicht lästert. Ein Student führt an, dass auch der Mann seine Kleidungsvorschriften zu beachten habe. Das Recht auf freie Meinungsäußerung stünde nach einem Studenten auch dem Mann zu.

Auswertung von Frage 9:

Warum wird im Islam gefastet?

Zwölf Studenten beruhen sich auf die religiöse Festlegung des Fastens in Sure zwei, Vers 183 im Koran. Den Sinn des Fastens sehen 16 Studenten im Nachempfinden des Leids und der Schmerzen der Armen. Vier Studenten schreiben, dass beim Fasten versucht werde, wenig Schlechtes zu machen. Ihre Aussagen beinhalten zusätzlich noch die erhöhte Aufmerksamkeit bezüglich des eigenen Verhaltens, der Konzentration auf die Religion und auf Gott. Sie vertreten den Standpunkt, dass das Fasten den

Glauben stärke und den Menschen zur Selbstfindung führe. Ein Student ergänzt, dass dadurch die Verbindung zwischen den Menschen bestärkt werde. Drei Studenten schreiben ganz konkret, dass das Fasten von Sünden abhalte und sie davon befreie. Fünf weitere Studenten bekräftigen die reinigende Wirkung des Fastens auf den Körper, die Seele und den Geist. Bei richtiger Befolgung sei für acht Studenten das Fasten gesund. Des Weiteren wird von fünf Studenten ergänzt, dass durch das Fasten die Geduld, die Enthaltsamkeit und die Ausdauer des Menschen gestärkt werden. Acht Studenten schreiben, dass der Fastende lernt, die Gaben Gottes zu schätzen und dafür dankbar zu sein.

Welche Gründe befreien von der Pflicht zu fasten?

Die aufgeführten Gründe, die von der Pflicht zu Fasten befreien, ergeben sich bei der Befragung von Studenten nach der unteren Aufstellung:

Begründung für die Befreiung:	**Häufigkeit der Nennungen nach Geschlecht:**	
	weiblich	**männlich**
Krankheit (schwer, chronisch)	11	7
Lange Reise	7	3
Periode	6	4
Schwangerschaft, Geburt	4	4
Alte und schwache Personen	1	
Außergewöhnliche Belastungen	1	
Bei Gefährdung der Gesundheit		1

Tabelle 6: Befreiungsgründe für das Fasten, die den Studenten bekannt sind

Alle bis auf zwei der 29 befragten Studenten fasten. Während die eine der zwei nicht fastenden Studenten aufgrund einer chronischen Krankheit, bei der Medikamente eingenommen werden müssen, nicht fasten kann, ist die andere Studentin generell gegen das Fasten. Diese vertritt die Meinung, das Armsein sei nicht nur auf den Tag begrenzt. Sie schreibt:

> „Nein, weil man nicht nur Tagsüber sondern 24 Stunden arm ist. Abends fressen sie sich voll. Super!"

Die Aussage erweckt nicht den Eindruck als würde sie den Sinn des Fastens reflektiert haben. Diese Art der Begründung resultiert auch aus ihrer Unerfahrenheit bezüglich des Fastens und ist zugleich enttäuschend, weil es von einer Muslimin geäußert wird, das die bestehenden Vorurteile Andersgläubiger bekräftigt. Eine fastende Person, die sich abends „voll frisst" ist kaum in der Lage, wenige Stunden später eine weitere Mahlzeit einzunehmen, dies wiederum erschwert nicht nur das Fasten am darauffolgenden Tag, ist auch sehr ungesund für den Körper. Das richtige Fasten ist dem Islam nach eine Wohltat, nicht das Falsche.

Auswertung von Frage 10:

Aus welchem Grund opfert man ein Tier im Islam?

Die Geschichte vom Abraham und seinem Sohn, der Gedanke an die Frömmigkeit Abrahams Gott gegenüber sind für 14 Studenten Gründe für das Opfern eines Tieres. Zehn Studenten sehen die Bedeutung des Opferns in der Unterstützung der armen Menschen, weil sie ihnen die Möglichkeit geben, auch Fleisch zu kosten. Dies fördere die Solidarität zwischen den Menschen auf der ganzen Welt. Fünf Studenten betonen, dass das Opfern eine religiöse Pflicht sei, das nur für diejenigen gelte, die es sich leisten können. Drei Studenten erkennen darin einen Ausdruck von Dankbarkeit gegenüber Gott. Zwei Studenten ergänzen, dass auch zu anderen Anlässen ein Tier geopfert werde. Dazu gehört das Opfern eines Tieres bei der Pilgerfahrt in Mekka. Das Opfern anlässlich der Geburt eines Kindes, wie von einem Student angefügt, sei jedoch keine religiöse Pflicht und habe in der Religion eine andere Stellung. Das Opfern zum Opferfest ermögliche, wie ein Student anführt, eine größere Nähe zu Gott.

Warum kommen bestimmte Tiere als Opfer in Frage?

Für einen Studenten kommen als Opfer nur paarhufige Vierbeiner in Frage. Ein Student schreibt, dass Tiere, die eher für die Arbeit geeignet sind, unerwünscht seien. Dazu gehören Kamele und Pferde. Rinder und Schafe dürfen geschlachtet werden. Für drei Studenten werden Schafe deshalb bevorzugt, weil Abraham ein Schaf zum Opfern erhalten hat.

Welche Tiere kommen als Opfer in Frage?

Die von den befragten Studenten genannten Tiere sind nach ihrer Häufigkeit in der folgenden Aufstellung ersichtlich.

Opfertiere sind:	**Häufigkeit der Nennungen nach Geschlecht:**	
	weiblich	**männlich**
Stiere		1
Schafe	7	5
Ziegen	3	2
Rinder	2	1
Kühe	3	3
Kälber	1	
Widder		1
Kamele	3	3
Büffel		
Lämmer		1

Tabelle 7: Aufstellung der Opfertiere, die den Studenten bekannt sind

Opfern Sie auch ein Tier zum Festtag? Ja Nein, weil:______.

15 Studenten opfern ein Tier zum Festtag. Während 9 Studenten aufgrund des ungenügenden Einkommens noch keine religiöse Verpflichtung zum Opfern haben bekunden sechs Studenten, dass ihre Eltern dies für sie übernehmen würden. Zwei Studenten opfern kein Tier, weil sie hier alleine leben. Eine Studentin distanziert sich davon mit der Begründung, sie töte kein Lebewesen.

Auswertung von Frage 11:

Aus welchem Grund ist der Genuss von Alkohol im Islam untersagt?

Sechs Studenten vertreten die Meinung, der Alkoholgebrauch schade dem Individuum und der Gesellschaft. Für 17 Studenten beeinflusst der Alkohol das Bewusstsein und das Urteilsvermögen des Menschen. Der Verlust der Selbstkontrolle ist für 15 Studenten der Grund für das Verbot, weil das Alkohol zur Sünde führe, die Hemmschwelle senke, die Moral löse und das Verhalten beeinflusse. 17 Studenten verbinden das Verbot des Alkohols mit seiner gesundheitsschädlichen Wirkung auf den Körper. Fünf Studenten sehen den Grund für den Verzicht auf den Alkohol in der diesbezüglich festgelegten religiösen Vorschrift. Der Alkohol halte vom Gebet und vom Gedanken an Gott ab.

Auswertung von Frage 12:

Warum darf man kein Schweinefleisch essen?

Das Schwein ist für 14 Studenten ein sowohl körperlich als auch seelisch unreines, schmutziges Tier. Das Tier sei für 17 Studenten ungesund, enthalte Viren, Bakterien und Trichine. Es sei ein Zwischenwirt und könne Bandwurmerkrankungen beim Menschen verursachen. Schließlich gab es auch mal eine Schweinepest. Der Verzicht auf Schweinefleisch gründet für zwölf Studenten auf ihre religiöse Pflicht, wobei ein Student ergänzt, dass diese eine Prüfung Gottes darstellt. Die Ernährungsweise vom Schwein spielt für zehn Studenten den ausschlaggebenden Grund für das Verbot des Schweinefleisches. Acht dieser Studenten betonen, dass das Schwein ein Allesfresser sei, ja sogar seine eigenen Ausscheidungen fresse, zwei Studenten begründen es damit, dass es kein Wiederkäuer sei. Zudem wird von einem Studenten erwähnt, dass das Opfertier auch zu etwas Anderem diene (Milch, Eier) müsse als nur der Fleischlieferung. Ein Student schreibt, dass das Opfertier ein Zweihufer sein müsse. Ein Student bekräftigt die Verbindung zum Kannibalismus, weil die Organe vom Schwein den Organen des Menschen sehr ähnlich seien.

(Dass die Organe denen des Menschen ähnlich sind, entspricht zwar einer Tatsache, doch dies ist keine Grundlage für das Verbot des Schweinefleisches für die Muslimen.)

Auswertung von Frage 13:

Wie beurteilen Sie die Aktualität und / oder die Gültigkeit der religiösen Pflichten?

24 Studenten schreiben, dass die religiösen Pflichten immer gültig seien. Sechs Studenten begründen die stetige Gültigkeit der Pflichten damit, dass sie von Gott verlangt werden und Gott weder durch Zeit noch Raum begrenzt sei. Infolgedessen seien die religiösen Pflichten nicht zeitgebunden. Vier Studenten räumen ein, dass nicht jeder stark und religiös genug sei, alle religiösen Pflichten zu erfüllen. Aus dieser Schwäche komme es zur folgenden Erscheinung: „Jeder pickt sich das heraus, was er will.“. Die Umgebung und die Gesellschaft können nach Aussage von drei Studenten die Erfüllung der religiösen Pflichten erschweren. Jedoch gehen zwei Studenten davon aus, dass sich der Mensch an die Zeit und an die Umgebung anpassen könne, ohne die religiösen Pflichten zu vernachlässigen. Die Diskussionen über die Aktualität der religiösen Pflichten empfindet ein Student als Propaganda gegen den Islam. Die religiösen Pflichten vermitteln für einen Studenten Werte wie Toleranz, Respekt und Liebe und könnten somit ihre Aktualität nicht verlieren. Zudem stärke die Religion für drei Studenten die Psyche, die Seele und den Körper. An dieser Stelle währen die Rein-

heitsgebote des Islam zu erwähnen. Ein Student schreibt, dass das Ausleben der Religion auf Freiwilligkeit beruhe und ohne Zwang gestaltet werden sollte. Die Erfüllung der Religion vermittelt für einen Studenten Zufriedenheit. In diesem Zusammenhang stellt sich die Frage, ob das Streben des Menschen nach der Zufriedenheit im Leben je seine Aktualität verlieren kann.

Auswertung von Frage 14:

Spüren Sie eine Entfremdung der Kinder von der Religion?

25 Studenten bestätigen, dass sich die Jugend von der Religion entfremde. Der Einfluss der (Konsum-) Gesellschaft, die alles erlaubt, der Einfluss der Freunde, das Nachmachen der Europäer und die kulturelle Anpassung im Ausland sind für 15 Studenten die Ursache für diese Entwicklung. Die mangelnde religiöse Erziehung der Jugend im Elternhaus und die geringe Vermittlung der religiösen Bildung über die Korankurse führt für neun Studenten zu diesem Phänomen. Die religiöse Erziehung im Elternhaus wird für einen Studenten unabhängig von der Religion vom bestehenden Kommunikationsmangel zwischen den Jugendlichen und ihren Eltern erschwert. Ein Student beleuchtet, dass die Jugend der arabischen Sprache nicht mächtig sei und infolgedessen keinen direkten Zugang zur Religion habe. Die Medien haben bei der Entfremdung der Jugend einen nicht unbeachtlichen Anteil für fünf Studenten. Ihre negativen Berichterstattungen wirken nachhaltig und vermitteln der Jugend ein falsches Bild. Diese Wirkung der Medien wird durch die mangelnde religiöse Bildung der Eltern und der Jugend verstärkt. Die Jugend hat unter diesen Bedingungen selbstverständlich kaum eine Möglichkeit zur Korrektur des erworbenen Wissens. Es gilt ohnehin das allgemein gültige Phänomen, dass die Menschen davon ausgehen, dass alles, was in den Medien verbreitet wird, der Wahrheit entspreche. Fakt ist jedoch, dass Korrekturberichte, wenn überhaupt oft sehr viel später und dann durch sehr kleine Anzeigen im Innenbereich der Zeitung erscheinen und längst nicht den Leser erreichen, den die falschen Berichte erreicht haben. Interessant ist die Aussage eines Studenten, der sagt, dass die Jugend von der Idee besessen sei, dass sie aufgrund ihres jungen Alters noch Fehler machen dürften und somit die Erfüllung ihrer religiösen Pflichten auf ein höheres Alter verschieben. Zwei Studenten gehen davon aus, dass der Verfall von Sittlichkeit, Anstand, Moral und Glauben dazu führen Sünden zu begehen. Auch die Globalisierung der Welt mit ihren Auswirkungen für die Menschen wird von einem Studenten als ein Grund für die Abwendung der Jugend von der Religion betrachtet.

Vier Studenten haben den Standpunkt, dass die Jugend sich nicht von der Religion entfremdet. Im Einzelnen wird betont, dass die heutige

Jugend alles hinterfragt und danach zu leben versucht. Auch ist der Faktor der Freiwilligkeit für sie von großer Bedeutung. Die Jugend könne die religiösen Pflichten freiwillig praktizieren, ohne von anderen Personen gezwungen zu werden. Sie sind der Meinung, dass durch die Religion die Energie der Jugend auf gute Art und Weise gesteuert wird. Ein Student hebt hervor, dass die vorhandene Erscheinung keine religiöse Entfremdung darstellt, sondern eher eine extreme Situation, mit der die Jugend versucht umzugehen.

Auswertung von Frage 15:

Was halten Sie von der religiösen Erziehung in einer säkularen Gesellschaft (säkular = Religion und Politik sind voneinander getrennt)?

Die Beurteilung der Säkularisierung hängt bei den Studenten stets davon ab, welchen Blickwinkel sie aus islamischer und weltlicher Sicht aufweisen. Für drei Studenten erschwere und beschränke die Säkularisierung die islamische und religiöse Erziehung der Muslime. Der Islam regele alle Bereiche des Lebens, infolgedessen solle die Religion und die Politik nach vier Studenten vereint sein.

Hingegen vertreten neun Studenten die Trennung von Religion und Politik. Sie empfinden die Trennung als gut und notwendig. Während ein Student betont, dass die Säkularisierung nicht zur Minderung im Glauben führe, bekräftigen fünf Studenten, dass durch die Säkularisierung der Missbrauch der Menschen durch die Religion vermieden werde.

Fünf Studenten unterstützen die Säkularisierung insofern sie die religiöse Erziehung der Bevölkerung und die Erfüllung der religiösen Pflichten der Menschen nicht beschränkt.

Auswertung von Frage 16:

Der Islam ist mir eine Orientierung, eine Hilfe und gibt mir Halt in meinem Leben.

Warum und in welchem Bereich?

28 Studenten finden im Islam eine Orientierung und einen Halt für sich. Die Begründungen und der Bereich dieser Position der Religion sind individuell unterschiedlich gewichtet. Die Religion mache 18 Studenten glücklich, gebe ihnen Zufriedenheit, entlaste sie Psychisch bei Ratlosigkeit, Verzweiflung und Ungerechtigkeit. Die Probleme dieser Studenten fanden in schwierigen Lebensphasen ihre Lösung. Der Glaube an Gott gebe ihnen Hoffnung, Sicherheit, Liebe, Nähe, Halt und Selbstzufriedenheit. Die Religion gebe zwölf Studenten einen Sinn für ihr Leben, ihr Dasein auf der Welt. Sie haben durch sie ein Ziel, die (Entscheidungs-)Kraft und die Orientierung für ihr Leben auf der Welt, den Gott erschaffen hat. Zwei Studenten betonen, dass das Leben eine Prüfung und die

Religion der Weg in das Paradies ist. Die Religion findet für drei Studenten ihre Bedeutung in dem, was sie Vermittelt und vorbeugt. Die Religion vermittelt Werte, gibt Disziplin. Ohne die Religion schwindet die Moral bei vielen Gesellschaften. Drogen und Prostitution sind einige Erscheinungen.

Eine Studentin schreibt sie habe ihren eigenen Weg gefunden. Sie orientiert sich anderweitig im Leben.

Auswertung von Frage 17:

Man ist als Moslem gezwungen, auf die Erfüllung mancher religiösen Pflichten zu verzichten, um keine Nachteile aufgrund der Religionszugehörigkeit zu erfahren.

Während neun Studenten davon ausgehen, dass dieser Zwang besteht, schreiben 14 Studenten, dass keine Zwänge bestehen, die dazu führen würden, religiösen Pflichten zu vernachlässigen.

Vier Studenten schreiben, dass dieser Zwang auf die Kopfbedeckung zutrifft. Die Muslimin, würde als zurückgeblieben abgestempelt zum Außenseiter und hätte weniger Chancen auf dem Arbeitsmarkt. Der Arbeitszyklus und die Möglichkeiten auf dem Arbeitsplatz zu beten, würden für drei Studenten auch das Beten wesentlich einschränken. Zu den im Einzelnen aufgeführten Gründen für die Unterlassung der religiösen Pflichten, gehört die Befürchtung des Vorurteils der Umgebung, dass der Muslim als Extremist oder als Terrorist eingestuft wird. Ein weiterer gesellschaftlicher Zwang besteht in der Wahrnehmung der Gesellschaft. Ein Student hebt hervor, dass der Ruf des Muezzin vom Minarett als „angebliche Lärmstörung" empfunden wird. Zu den persönlichen Zwängen der Muslime die religiösen Pflichten nicht einzuhalten, gehören gesundheitliche Gründe. So führt ein Student an, dass Medikamente eingenommen werden können, die Alkohol enthalten. Ein Student weist darauf hin, dass die Religion die Situation des Menschen toleriert, in der er sich befindet.

Sechs Studenten bekräftigen, dass die religiösen Pflichten zur Identität des Gläubigen gehören. Der Umgang mit den äußeren Bedingungen stellt für sie eine Überzeugungsangelegenheit dar. Drei Studenten weisen daraufhin, dass die Nachteile nur auf dieser Welt erfasst werden und sie für die Erfüllung der religiösen Pflichten ihre Belohnung nach dem Tod erhalten werden. Die Gläubigen werden stets von Gott beschützt. Ein Student schwächt die Zwänge der Muslime ziemlich ab, indem er schreibt, dass die Freunde des Propheten viel mehr Qualen gesehen und erlitten haben und trotzdem auf nichts verzichtet haben. Das überhaupt kein Zwang zur Vernachlässigung der religiösen Pflichten ausgeübt wird, betonen zwei Studenten.

Auswertung von Frage 18:

Medien (Fernsehen, Zeitungen usw.) beeinflussen das Bild, die andere Menschen über Moslems haben.

Welchen Einfluss hat diese Tatsache auf das Zusammenleben?

Der Standpunkt von 21 Studenten wird wie folgt beschrieben. Die Distanz zu den Muslimen wird größer, die Harmonie wird gestört, das Zusammenleben erschwert. Es werden Vorurteile produziert. Andersgläubige lehnen den Kontakt ab, haben Angst vor den Moslems, entwickeln eine Abneigung und verbinden den Islam mit Terror und Krieg. Die Medien werden von 13 Studenten als subjektiv beurteilt. Sie haben die Erfahrung gemacht, dass nur ein Bild und dann auch noch ein schlechtes und falsches dargestellt wird. Dies würde das „Feindbild" Islam produzieren. Zwei Studenten schreiben, dass die Situation der Frauen mit Kopftuch automatisch mit der Unterdrückung der Frau verbunden wird. Ein Student ist der Meinung, dass die Moslems Benachteiligung erfahren. Ein Student schreibt vom allgemeinen Verlust des Vertrauens und betont den Egoismus der Menschen. Nach einem Dialog mit einem „richtigen Moslem" und einer Aufklärung, verändert sich nach den Aussagen dreier Studenten das Bild über die Moslems wieder in positiver Richtung.

Diese Erkenntnisse der Studenten verdeutlichen nicht nur die Notwendigkeit eines interreligiösen Dialogs. Sie geben auch Hoffnung für ein harmonisches Miteinander.

Auswertung von Frage 19:

Zunehmend wird der Dialog zwischen Christen und Moslems gefordert.

In welcher Weise sollte der Dialog geleistet werden um seine Effektivität zu steigern?

Die religiöse Bildung und Aufklärung sowie die Kritikfähigkeit der Menschen stellen das Fundament aller Vorschläge der Studenten dar. Die Gestaltung stellen sich die Studenten folgendermaßen vor. Sieben Studenten wünschen sich die religiöse Bildung durch die Medien, mit Hilfe von Prominenten, in denen sich die Moslems erklären und über Themen des Islam Aufklären. Für förderlich empfinden acht Studenten die Hervorhebung der Gemeinsamkeiten der Religionen über die Durchführung gemeinsamer Projekte. Die Einsicht, dass die Religion eine persönliche Angelegenheit ist, muss nach der Ansicht von fünf Studenten, durch gemeinsame Projekte gestärkt werden. Die Förderung der gegenseitigen religiösen Toleranz steht für sie im Vordergrund. In diesen Projekten soll „das Zuhören", „das Denken" und „das Verstehen" gefördert werden. Es soll deutlich herauskommen, dass es nicht um Missionierung geht. Fünf weitere Studenten heben die zentrale Stellung der Kritikfähigkeit hervor und fordern ihre Stärkung. Alles beruht für sie auf eine gute gegenseitige, vorurteilsfreie, ehrliche Begegnung ohne Streit und verletzenden Bemerkungen. Vier Studenten vertreten den Standpunkt, dass zu falschen Traditionen Abstand genommen werden muss. Die Religion muss für sie auch nach den Regeln der Religion gelebt werden und ihr muss Respekt erwiesen werden. Der religiöse und kulturelle Austausch zwischen den Religionsgemeinschaften ist für vier Studenten der Weg zur Förderung des interreligiösen Dialogs. Dazu sollen die Feste gemeinsam gefeiert werden. Es sollen regelmäßige Treffen organisiert und Diskussionsplattformen durchgeführt werden. Vereinzelt wird von den Studenten vorgeschlagen, dass über die Unterschiede der Religionen mit wissenschaftlichen Belegen diskutiert werden muss. Die Überwindung der Sprachbarrieren hält ein Student für wesentlich. Auch die Forderung des Religionsunterrichts in der Schule findet in der Aussage eines Studenten ihren Platz. Im Bereich der Jugendarbeit muss für einen Studenten besonders auf eine Zusammenarbeit Wert gelegt werden.

3.3 Die Erwachsenen

Der Fragebogen der Erwachsenen hat mit einem Umfang von 20 Fragen eine Frage mehr als die der Studenten. Der Fragebogen beinhaltet fast die gleichen Fragen, die auch den Studenten gestellt wurden und zur Feststellung der Religiosität und der Feststellung der religiösen Bildung der Muslime dienen.

Von den 37 Erwachsenen, die sich an der Befragung beteiligten, sind 31 türkischstämmige Muslime, zwei deutschstämmige Muslime. Vier Muslime gaben keine Information zu ihrer Herkunft an. Das Durchschnittsalter der Erwachsenen beträgt 41 Jahre und die durchschnittliche Aufenthaltsdauer in der Bundesrepublik Deutschland 24 Jahre. Ihr berufliches Bildungsniveau ist sehr verschieden. Bei der Aufgliederung ergeben sich folgende Berufe und ausgeübte Tätigkeiten:

Ein Chauffeur, elf Arbeiter und Arbeiterinnen, ein Geschäftsmann, fünf Hausfrauen, zwei Lagerarbeiter, fünf Lehrer und Lehrerinnen, ein Lehrling, eine Ingenieurin, eine Krankenschwester, ein Metallbauer, ein Rentner, ein Schlosser, ein Stoffdrucker sowie eine Vergolderin. Zwei Erwachsene leben in einer gemischtreligiösen Partnerschaft. Vor diesem Hintergrund werden die folgenden Fragen ausgewertet.

Auswertung von Frage 1:

Legen sie Wert auf eine religiöse Erziehung?

Alle 37 befragten Personen legen Wert auf eine religiöse Erziehung.

Zehn Erwachsene sagen, dass die religiöse Erziehung der Kinder für einen Muslim eine Pflicht Gott gegenüber sei. Ein Muslim habe die Pflicht die Religion zu erhalten, die Umma (die Religionsgemeinschaft der Muslime) zu bilden. Für elf Erwachsene sei Jemand der religiös gebildet ist, förderlich für sich, für die Familie und die Gesellschaft und könne sich vor Missbrauch schützen. Der Mensch erhalte über die Religion für acht Erwachsene die innere Ruhe im Diesseits und im Jenseits. Derjenige, der seine innere Ruhe habe, werde ein ausgeglichenes, zufriedenes, erfülltes, glückliches Leben haben. Die Religion diszipliniere die Person und gestalte das Leben vorteilhaft. Diese Sachlage sei für vier Erwachsene der Grund dafür, die Kinder religiös zu erziehen. Ein Erwachsener vertritt die Meinung, dass die Religion die ideelle Nahrung für die Gesundheit und die Neugestaltung des Gehirns sowie des Körpers sei. Die Funktion der Religion, eine Zufluchtsmöglichkeit in schwierigen Lebenslagen sein zu können, sei für einen Erwachsenen vordergründig. Zwei Erwachsene schreiben, dass sie ihre Kinder nur nach ihren eigenen Möglichkeiten religiös Erziehen und dabei nicht zu fanatisch seien. Manche Erwachsene erachten, die Vermittlung der religiösen Pflichten für ihre Pflicht und die Umsetzung dieser als die Angelegenheit ihrer Kinder. Diese Meinung ergänzen sie damit, dass man lernen und lehren müsse, woran man glaube.

Auswertung von Frage 2:

Wo und wie erhält ihr Kind religiöse Erziehung und / oder religiöse Bildung?

27 Erwachsene bieten ihren Kinder Zuhause eine religiöse Erziehung. 20 Erwachsene lassen ihre Kinder an den Korankursen der Moscheen teilnehmen. Fünf Kinder besuchen den türkischen muttersprachlichen Ergänzungsunterricht und haben dort die Möglichkeit im Fach „Religion und Sittenlehre" religiöse Bildung zu erhalten. Sechs Kinder erhalten religiöse Bildung im Regelunterricht der Schule. Zwei Eltern ergänzen eigenständig die religiösen Bildungsmöglichkeiten ihrer Kinder durch Videokassetten und CD´s mit religiösem Inhalt bzw. schicken ihre Kinder in der Türkei in Kurse.

Auswertung von Frage 3:

Wo und wie haben Sie religiöse Erziehung und / oder religiöse Bildung erhalten?

25 Erwachsene haben ihre religiöse Bildung in familiärer Umgebung erhalten. Den Korankurs besuchen konnten 29 Erwachsene, wobei nur sechs Erwachsene die arabische Schrift erlernt haben. Sechs der Erwachsenen hatten die Möglichkeit an dem freiwilligen muttersprachlichen Ergänzungsunterricht teilzunehmen. Von den 25 Erwachsenen, die im Regelunterricht der Schule religiöse Bildung erfahren haben, beziehen

sich 22 auf ihre Herkunftsländer und nur drei auf die Bundesrepublik Deutschland. Ein Erwachsener studierte Theologie an der Universität in der Türkei. Ein weiterer erlernte religiöse Inhalte eigenständig im Selbststudium. Ein Erwachsener gibt sein Interesse an religiösen Programmen vom Fernsehen an und sagt er habe viel dadurch gelernt. Auch das Wissen von Freunden und Bekannten ist eine gern angenommene Quelle zur Erweiterung der religiösen Bildung von einem Erwachsenen.

Auswertung von Frage 4:

Ich lege Wert darauf, dass meine Kinder:

Mit 34 Erwachsenen legen mehr Personen Wert darauf, dass ihre Kinder die religiösen Pflichten kennen, als dass sie die Hintergründe wissen, das sind nur 30. Während 14 Erwachsene von ihren Kindern erwarten, dass sie die religiösen Pflichten, soweit sie nach ihrem Alter von ihnen gefordert wird, erfüllen, gibt es unterschiedliche Einstufungen, darüber, welche Pflichten „Vorrang" haben. Je 24 Erwachsene erwarten, dass ihre Kinder beten und fasten. 22 Erwachsene wünschen sich, dass sich ihre Kinder an die Kleidervorschriften halten und 15 legen Wert darauf, dass ihre Kinder eine Kopfbedeckung tragen. Die Entscheidung darüber, welche religiösen Pflichten die Kinder erfüllen können und wollen überlassen 17 Erwachsene ihren Kindern. Während 23 Erwachsene den Besuch des Korankurses für wichtig erachten, messen 21 Erwachsene der Kenntnis der arabischen Schrift Bedeutung bei. Sehr wichtig ist den Erwachsenen mit 23 Vertretern, dass ihre Kinder das religiös-soziale Leben in einer kulturellen Umgebung und in der Moschee kennen lernen. Aber auch die religiöse Bildung der Kinder in der Schule ist den Erwachsenen mit 26 Vertretern sehr wichtig.

Auswertung von Frage 5:

Welche religiösen „Pflichten" erfüllen Sie selbst?

Interessant ist, dass beim Vergleich der Zahlen der Umsetzung der religiösen Pflichten, ein ähnliches Ergebnis wie bei den Studenten erscheint. 35 der 37 befragten Erwachsenen fasten und nur 23 verrichten ihr tägliches Gebet. 22 Erwachsene verrichten ihr Freitagsgebet. Sowohl die Erwachsenen als auch die Studenten verrichten weniger die täglichen Gebete und halten sich in der Mehrzahl an das jährliche Fasten. 32 Erwachsene geben die Almosensteuer ab und 27 haben schon die Pilgerfahrt durchgeführt. Die Beachtung der Kleidungsvorschriften ist für 27 Erwachsene vordergründig, wobei nur neun der 14 weiblichen Befragten eine Kopfbedeckung tragen. Auf den Genuss von Alkohol verzichten 32 Erwachsene während 36 Erwachsene auf den Genuss von Schweinefleisch verzichten. Vielleicht ist der Verzicht auf Schweinefleisch leichter als der Verzicht auf Alkohol. Möglicherweise liegt der Grund dafür in der leichteren Ersetzbarkeit von Fleischsorten als die des Alkohols im Genuss oder in der Tatsache, dass Alkohol auch abhängig machen kann.

Auswertung von Frage 6:

Welche Inhalte des Koran sind Ihnen besonders wichtig?

Die gleichen Inhalte, wie die im alten Testament und in der Thora der Juden findet ein Erwachsener wichtig. Hingegen finden den Koran in seiner Gesamtheit 27 Erwachsene sehr bedeutend. Sie machen keinerlei Einstufungen bezüglich der besonderen Inhalte des Korans für die Religion. Bezüglich ihrer persönlichen Interessensschwerpunkte ergibt sich allerdings eine unterschiedliche Gewichtung der Inhalte. So finden vier Erwachsene die gesetzlichen Inhalte, die Inhalte die eine Sünde erläutern, die Verhaltensregeln, die Strafen und Verbote (das Töten) besonders wichtig. Die Koranverse und Gebote, die Informationen über die Welt und das Jenseits, die Inhalte, die das Vergangene erklären, das Gegenwärtige und das Zukünftige bis zum Tag der Auferstehung beleuchten finden das Interesse von sechs Erwachsenen. Drei Erwachsene interessieren sich besonders für die Menschrechte, die Nachbarschaftsrechte, die Gleichberechtigung sowie die Frauenrechte und die Regelungen darüber, wie Kindern zu begegnen ist. Der Respekt den Kindern gegenüber wird hier explizit aufgeführt. Bereiche, die die religiösen Pflichten erläutern, über die islamischen Rituale, die Verpflichtungen auf der Stufe des Gewinnens (Vacib) informieren finden besondere Beachtung durch vier Erwachsene. Die Abschnitte die von je zwei Erwachsenen die Aufmerksamkeit bekamen, sind die Inhalte, die die Einheit Gottes thematisieren und über die Umweltauffassung sowie über die Auffassungen bezüglich der Sauberkeit berichten. Von einem Erwachsenen werden die Taten und Aussprüche des Propheten und der Jihad angeführt. Den direkten Zugang zum Koran und damit zur Religion empfindet ein Erwachsener über die speziellen Inhalte hinweg viel wichtiger.

Auswertung von Frage 7:

Was beeindruckt Sie am Leben Mohammeds am meisten?

Die klare, verbindliche, vorbildliche Lebensführung des Propheten beeindruckt neun Erwachsene. Der Charakter des Propheten, seine schlichte Persönlichkeit, seine menschlichen Eigenschaften finden auch die Erwachsenen sehr beindruckend. Den Propheten beschreiben sie als standhaft, geradlinig, gerecht, ehrenhaft, einfach, vertrauensvoll, nachsichtig, freundschaftlich und ehrlich. Sie merken an, dass der Prophet ein Fürbitter gewesen sei, der nie geflucht habe. Fünf Erwachsene finden den Einsatz des Propheten für seine Religionsgemeinschaft, für den Frieden und für die schönen Dinge des Lebens ausnehmend gut. Hervorragend finden drei Erwachsene seinen Umgang mit den Menschen, ohne eine Unterscheidung zwischen Rasse, Religion, Position und Stellung zu machen. Der außergewöhnliche Umgang mit Menschen die Christen geworden oder geblieben sind steche hierbei besonders hervor. Ebenso finden diese drei Erwachsenen seine Anstrengungen für die Menschrechte, die Gleichberechtigung der Menschen und die vorbildliche Wertschätzung seiner Frauen sehr ausgezeichnet. Die Ungerechtigkeiten, die ihm Widerfahren sind, die Strapazen die er erleiden musste heben drei weitere Erwachsene hervor. Die politische Struktur, die er erschuf und der islamische Staat, die er gründete, die Zeit, die er (vor der Offenbarung) auf dem Higraberg verbrachte sowie seine Abschiedspredigt führen je zwei Erwachsene auf. Außerordentlich seien auch die logischen Erklärungen des Propheten für jede Lebenssituation und seine Überlegenheit, die er damit zum Ausdruck gebracht habe. Zwei Erwachsene beschreiben den Propheten als einen lebendigen Koran. Sie bemerken, dass sein Leben den koranischen Empfehlungen entspreche. Seine göttlichen Eingebungen, das Wissen das er übermittelte und das er der Menschheit zur Gnade gesandt wurde beeindrucken zwei Erwachsene. Vereinzelt wird angeführt, dass sein Glaube an Gott etwas besonderes gewesen sei und das er als einziger Prophet direkt mit Gott gesprochen habe. Die Wunder, die ihm von Gott zukamen finden ebenso Erwähnung durch einen Erwachsenen.

Auswertung von Frage 8:

Welche Ereignisse aus der Geschichte des Islam fallen Ihnen ein?

Die Kämpfe und Kriege für und gegen den Islam sowohl bei seiner Verbreitung als auch danach bis zum heutigen Tag, die von 17 Erwachsenen bemerkt werden, werden eingestuft im Sinne der Verhinderung der Verbreitung des Islam. Die Erwachsenen erwähnen in diesem Zusammenhang folgende Ereignisse, Kriege und abgeschlossene Verträge. Die Higra (die Auswanderung von Mekka nach Medina), die Schlachten und Kriege Badr, Uhud und Hendek sowie die Verträge „Akabe biat“ und „Ziyat“. Neun Erwachsene erwähnen, dass der Islam von Gewalt und vom Bösen abrate. Sie bemerken, dass die Menschen damals in Zufriedenheit und in Sicherheit leben konnten. Es sei für den Gläubigen die stärkste Struktur auf der Welt erschaffen worden, die Toleranz, Freiheit, Frieden, Sicherheit, Solidarität, Liebe, Gerechtigkeit, Zivilisation, Wissenschaft, Menschrechte und Liebe gewährleiste und auf der Seite der Ehrlichkeit und Ehrenhaftigkeit sei. Die Mächtigkeit Gottes und des Glaubens gegenüber allen anderen Mächten und Reichtümern sowie das Verhalten und die Geduld der Moslems (in den Anfängen des Islam) gegenüber den Grausamkeiten und Bösen, sind die Ereignisse, an die sich zwei Erwachsene erinnern. Im Einzelnen werden folgende Begebenheiten von den Erwachsenen aufgeführt. Die Geschichten zu einzelnen Personen, wie von Adam und Eva, von Abraham und seinem Sohn und von Noah und dem Erzengel Gabriel. Die verschiedenen Epochen des Islams: das Kalifat, die Selcuken, die Osmanen, die Republik, und im besonderen die Aufhebung der Epoche der vorislamischen, arabischen Zeit. Außerdem wird der Mekkanische Zeitabschnitt in Abgrenzung des Medinischen Zeitabschnitts genannt. Das Leben der Sahabi und besondere Erlebnisse des Propheten werden auch von einzelnen Erwachsenen erwähnt. Aufgeführte besondere Erlebnisse des Propheten und die Wunder, die er erleben durfte, sind die Geschichte mit der Spinne in der Höhle, in der er Zuflucht fand, seine Himmelfahrt und seine Abschiedspredigt.

Auswertung von Frage 9:

Welche Rechte und Pflichten der Frau und des Mannes im Islam sind Ihnen bekannt?

Die Rechte und Pflichten der Frau und des Mannes im Islam sind den Erwachsenen aus verschiedenen Quellen bekannt, die sich bei den befragten wie folgt präsentiert:

Die Rechte und Pflichten der Geschlechter sind mir bekannt:	**Häufigkeit der Nennungen nach Geschlecht:**	
	weiblich	**männlich**
Aus dem Koran und / oder den Hadithen des Propheten.	8	15
Durch überlieferte Tradition und vermitteltem Familienleben.	5	13
Ich kenne keine spezifischen Rechte und Pflichten der Geschlechter	1	1

Tabelle 8: Quellen der Kenntnisse der Erwachsenen über die Aufgaben der Geschlechter

Die Rechte und Pflichten der Frau beziehen sich auf ihre Positionen als Muslimin, als Ehefrau, als Mutter und als Tochter.

Für sieben Erwachsene stellt die Frau die Basis der Gesellschaft dar, die eine Vorbildfunktion inne habe. Sie müsse aus diesem Grund nicht nur eine respektvolle, kulturelle, religiöse Persönlichkeit sein, sondern auch eine gute Mutter, eine gute Erzieherin, eine gute Ehefrau sowie ein guter Mensch und Moslem. Die Versorgung und Erziehung der Kinder, die Vermittlung der religiösen Pflichten, der religiösen Bildung und die Darstellung des Propheten gehöre für 17 Erwachsene zu den Pflichten der Frau. Die Gründung der Familie gehöre ebenso zu ihren Aufgaben wie die Wertschätzung dieser. Fünf Erwachsene schreiben der Frau die Pflicht zu, dass sie ihrer Familie gegenüber Respekt erweisen und verbunden sein müsse. Als Ehefrau müsse sie nach der Meinung von 16

Erwachsenen eine gute Ehe führen, ihrem Mann gegenüber liebevoll sein und sich ihm hingeben. Zwei Personen bekräftigen, die Frau habe die Pflicht ihre Ehre zu schützen. Als Muslimin habe die Frau die religiösen Pflichten zu erfüllen, die sich aus den fünf Säulen des Islam ergeben. Dies wird von sieben Erwachsenen betont. Darüber hinaus ergänzen drei Erwachsene ihre Pflicht, angemessene Kleidung und eine Kopfbedeckung tragen zu müssen. Gegenüber ihren Eltern habe die Frau die Pflicht gütig zu sein und sie zu pflegen.

Die Rechte und Pflichten des Mannes beziehen sich ebenso auf seine Positionen als Muslim, als Ehemann, als Vater und als Sohn, wie bei den Pflichten der Frau.

Der Mann müsse die Religion, das Land, seine Familie vor allen Mächten der Welt schützen, so beschreibt ein Erwachsener die Pflichten des Mannes. Zehn Erwachsene schreiben, dass der Mann für die finanzielle Versorgung der Familie (durch religiös erlaubtes Einkommen) sorgen müsse. Seine Zuständigkeit der Familie gegenüber erweitert sich neun Erwachsenen nach, in seiner Aufgabe für die Harmonie der Familie und ihrer Verbundenheit sorgen zu müssen. Die Aufgaben des Mannes als Ehemann beschreiben zehn Erwachsene folgendermaßen. Seiner Ehefrau gegenüber müsse er liebevoll, treu, loyal, respektvoll, lehrend, geduldig und gütig sein und ihre sexuellen Bedürfnisse beachten. Vor allem aber müsse er die Frau als gleichwertig betrachten. Sieben Erwachsene betonen, dass der Mann als Familienvater ein Vorbild für die Familie sein müsse. Diesbezüglich habe er die Aufgabe auch mit der Gesellschaft gut auszukommen. Die Erziehung und Bildung der Kinder schreiben ihm acht Erwachsene zu. Im Einzelnen werden noch ergänzt, dass der Mann seinen Eltern gegenüber mit Güte verpflichtet sei und das Freitagsgebet in der Moschee verrichten solle. Bedeutend finde ich die Aussagen zweier Erwachsener, die das Recht der Frau auf eine Amme bekräftigen. Schließlich sind vier Personen der Meinung, dass die Rechte und Pflichten der Geschlechter sich ergänzend gestalten.

Auswertung von Frage 10:

Warum wird im Islam gefastet?

Der Fastende habe nach den Aussagen von elf Erwachsenen mehr Mitgefühl für Arme, verstehe ihre psychologische Situation besser, gewinne Barmherzigkeit ihnen gegenüber und lerne zu teilen. Eine reine religiöse Pflicht, um das Wohlgefallen Gottes und eine Belohnung zu erlangen ist für 26 Erwachsene der Grund für das Fasten. Hingegen sehen acht Erwachsene im Fasten eine Erziehung zu Disziplin, zum Pflichtbewusstsein und zur Geduld. Sie betonen, das durch das Fasten eine Überlegenheit gegenüber den natürlichen Bedürfnissen entstehe. Den Vorteil des Fastens sehen sechs Erwachsene im Nutzen der Gesundheit gegenüber.

Die im Körper angesammelten Gifte und Toxine würden durch das Fasten ausgeschieden. Zwei Erwachsene vertreten den Standpunkt, das gefastet wird, um Wissen über die Bedeutung der Gaben Gottes und eines gesunden Lebens zu erlangen und für diese Gott zu danken. Darüber hinaus diene das Fasten vereinzelnd zur intensiven Beschäftigung mit der Religion und zur Befreiung von den Sünden.

Welche Gründe befreien von der Pflicht zu fasten?

Begründung für die Befreiung:	**Häufigkeit der Nennungen nach Geschlecht:**	
	weiblich	**männlich**
Schwangerschaft, Wöchnerin	5	6
Stillende Frauen	4	3
Krankheit (unheilbar kranke Personen)	7	13
Periode	3	7
Reisende	3	8
Bei kurzfristigen Hindernissen muss die Zeit nachgeholt werden.	1	
Hohes Alter und Kraftlosigkeit.	1	5
Kinder, in der Zeit vor der Pubertät.	2	3
Geistig behinderte.	1	3
Schwere Belastung bei der Arbeit		1

Tabelle 9: Befreiungsgründe für das Fasten, die den Erwachsenen bekannt sind

Fastest Sie? Ja Nein, weil:______.

35 von den 37 befragten Erwachsenen fasten. Ein Erwachsener schreibt, dass er nicht fasten kann, weil er Diabetiker ist.

Auswertung von Frage 11:

Aus welchem Grund opfert man ein Tier im Islam?

Zunächst einmal ist es für 28 Erwachsene eine religiöse Pflicht, um das Wohlgefallen Gottes zu erlangen. Darüber hinaus liegt der Grund des Opferns für zwölf Erwachsene darin, dass das Fleisch an Arme verteilt wird. Damit kommen die Armen wenigstens einmal im Jahr zum Genuss von Fleisch. Auch ist für sechs Erwachsene das Opfern von Tieren ein Ausdruck der Opferbereitschaft, und der Frömmigkeit Gott gegenüber. So sehen drei Erwachsene im Opfern die Erinnerung an die Geschichte von Abraham und seinem Sohn. Der Grund für das Opfern stellt sich für zwei Erwachsene wie folgt dar. Das Opfern fördere die Sozialisierung, die liebevolle Versorgung und Begegnung, die Kommunikation zwischen Armen und Reichen. Aber auch die Schutzfunktion des Opferns wird von einem Erwachsenen hervorgehoben. Dieser schreibt, dass ein Tier geopfert werde, um vom Bösen und von Unfällen geschützt zu sein.

Warum kommen bestimmte Tiere als Opfer in Frage?

Von drei Erwachsenen werden die Tiere, die für das Opfern in Frage kommen, begrenzt auf den Kreis der religiös erlaubten Tiere mit bestimmten Eigenschaften und ihrer Zugehörigkeit zu bestimmten Gruppen von Tieren. So dürfe zum Beispiel kein wildes Tier geopfert werden. Es dürfe nach den Angaben von acht Erwachsenen nur Wiederkäuer und Pflanzenfresser geopfert werden. Die Tiere müssen, so geben vier Erwachsene an, mindestens ein Jahr und älter sein. Auch sei beim Opfern darauf zu achten, dass das Tier ein bestimmtes Gewicht überschreite. Sieben Erwachsene betonen, dass diese Tiere geistig wie körperlich gesund sein müssen. Also keine Behinderung aufweisen dürfen und Zweihufer sein müssen.

Welche Tiere kommen als Opfer in Frage?

Die von den befragten Erwachsenen genannten Tiere sind nach ihrer Häufigkeit in der folgenden Aufstellung ersichtlich.

Opfertiere sind:	**Häufigkeit der Nennungen nach Geschlecht:**	
	weiblich	**männlich**
Stiere	1	7
Schafe	10	11
Ziege	7	8
Rind	7	6
Kuh	1	1
Kalb	3	
Widder	1	
Kamel	10	10

Tabelle 10: Aufstellung der Opfertiere, die den Erwachsenen bekannt sind

Opfern Sie auch ein Tier zum Festtag? Ja Nein, weil:______.

35 Erwachsene opfern ein Tier zum Festtag. Zwei Erwachsene opfern kein Tier, wobei einer finanzielle Gründe dafür angibt und ein anderer das Geld für das Opfertier wo anders hinschickt.

Auswertung von Frage 12:

Aus welchem Grund ist der Genuss von Alkohol im Islam untersagt?

Die Vorbeugung der Vermeidung von Sünden ist für 18 Erwachsene der Grund für das Verbot von Alkohol. Die Beeinträchtigung des Bewusstseins, der Beherrschung und der Kontrolle könne den Menschen dazu bringen etwas falsches ungewollt zu machen. Das solide Denken wäre geschwächt und der Mensch könne sich nicht schützen. Der Alkohol führe die Person und die Gesellschaft zum Unglück. Der Mensch könne schlechte Taten und extreme Verhaltensweisen sich selbst und anderen gegenüber verursachen. Darüber hinaus betonen zehn Menschen, dass der Alkohol der Gesundheit, dem Körper schade, indem er auch dazu beitrage, das Gehirnzellen absterben. Für weitere sieben Erwachsene ist es ein religiöse Pflicht und für zehn andere Erwachsene ist deren Vernachlässigung eine Sünde.

Auswertung von Frage 13:

Warum darf man kein Schweinefleisch essen?

Das Schwein enthalte Trichine (Würmer), die dem Menschen schade. Das Fleisch vom Schwein verderbe schnell, könne Krankheiten verursachen, und sei aus diesem Grund schädlich. Dies sind Gründe, mit der 17 Erwachsene das Verbot in Verbindung bringen. Die bedenklichen Nahrungsmittel sind für sieben Erwachsene der Grund für das Verbot. Sie führen aus, dass das Schwein ein Allesfresser sei und zu deren Nahrungsmittel Dreck, Müll und sogar ihre eigenen Ausscheidungen gehöre. Zudem sei das Schwein kein Wiederkäuer und gehöre somit für zwei Erwachsene nicht zu den erlaubten Tieren. Für acht Erwachsene sei es eine Prüfung Gottes, ein Verbot an die sich die Menschen halten können sollen. Als unrein wird das Tier von vier Erwachsenen eingestuft. Auch die Reinheit der Seele der Tiere spiele für den Islam eine Rolle. Dadurch, dass das Schwein, das Gefühl der Eifersucht seinem Partner gegenüber nicht kenne, komme es für zwei Erwachsene nicht als Opfertier in Frage. Zudem wird von einem Erwachsenen ergänzt, dass nicht nur das Schwein verboten sei, sondern auch andere Tiere. Alle Tiere, die Einhufer sind, dürften generell nicht geschlachtet werden.

Auswertung von Frage 14:

Wie beurteilen Sie die Aktualität und / oder die Gültigkeit der religiösen Pflichten?

Die Religion sei universal, harmonisch und ein soziales Gebilde. Sie sei ein wichtiges Phänomen. Die religiösen Pflichten entsprechen aus diesem Grund für 15 Erwachsene jederzeit der Entwicklung und kommen für die Gläubigen an vorderster Stelle. Vier Erwachsene bekräftigen, dass der Muslim zum Erlangen des Wohlgefallen Gottes und zum Eintritt in das Paradies versuchen müsse, die religiösen Pflichten zu erfüllen, auch wenn es sporadisch verschieden angewendet würde. Die Erfüllung der religiösen Pflichten steigere, nach der Meinung von drei Erwachsenen, das moralische Niveau, bringe Güte und Gerechtigkeit in die Gesellschaft. Drei Erwachsene Vertreten den Standpunkt, dass die Religion eine innere Ruhe, das Gefühl des Glücklichseins und der Zufriedenheit gebe. Ein Erwachsener schreibt, dass er jeden Tag einbischen im Koran lesen würde. Die Religion strukturiere, organisiere das Leben und dies beeinflusse positiv den Erfolg und die Zielstrebigkeit der Menschen und habe diesbezüglich besondere Bedeutung für zwei Erwachsene. Während ein Erwachsener betont, dass es eine Bedingung sei, die religiösen Pflichten zum richtigen Zeitpunkt und am richtigen Ort und auf die richtige Weise zu erfüllen, hebt ein Erwachsener eine andere Gegebenheit hervor. Für ihn würde, unter der Betrachtung von Vergangenheit und Zukunft, Gelehrt und gelernt, dass es einen Gott gibt, der uns erschaffen habe. Dies hat auch Gültigkeit für die Angehörigen anderer Religionsgemeinschaften, die auf andere Weise an den selben Gott glauben. Ein Erwachsener bekräftigt die Notwendigkeit wissenschaftlicher, standardisierter Ausbildungsmöglichkeiten und den Mangel an entsprechenden Lehrmitteln.

Auswertung von Frage 15:

Spüren Sie eine Entfremdung ihrer Kinder von der Religion?

Zwölf Erwachsene spüren eine Entfremdung ihrer Kinder von der Religion. Sie vertreten den Standpunkt, dass ihre Kinder, ihren Pflichten in einem fremden Land nicht nachkommen können. Sie gehen hier zur Schule und arbeiten hier. Sie stehen unter dem Einfluss der Gesellschaft, der Umgebung und streben nach deren Kultur und übernehmen sie. Die Lebensbedingungen in Europa, die wirtschaftlichen Verhältnisse, der Verzicht auf den Glauben, die Neigung zu einem Leben im Überfluss, dass dem Islam nicht entspricht wirken verlockend. Vier Erwachsene sehen die Ursache der Entfremdung in der ungenügenden religiösen Bildung der Eltern und in der mangelnden religiöse Erziehung durch die Eltern.

Aber 21 Erwachsene nehmen Abstand und betonen, dass ihre Kinder nicht von der Religion entfremdet seien. Neun Erwachsene bilden ihre Kinder nach bestem Wissen und Gewissen Zuhause aus. Sie Überwinden die Einflüsse von außen, durch das Vorleben des richtigen Islam in der Familie, gemeinsam mit ihren Kindern. Vereinzelt geben die Erwachsenen an, dass das Glauben ein Gefühl sei, das es immer geben wird. Sie geben an, dass die Religion dem Leben Sinn und dem Menschen Ziel gebe. Auch das Beispiel des Propheten für einen Menschen mit einem guten Charakter und richtigem Verhalten könne der Entfremdung entgegenwirken.

Auswertung von Frage 16:

Was halten Sie von der religiösen Erziehung in einer säkularen Gesellschaft (säkular = Religion und Politik sind voneinander getrennt)?

Nur unter der Bedingung, dass der Staat die Glaubenspraxis nicht bestimmt und die religiöse Bildung fördert sind 20 Erwachsene für die Säkularisierung. Der Staat einer säkularen Gesellschaft müsse gewährleisten, das jeder seine Religion ohne Zwänge leben könne. Zu den Befürwortern der Säkularisierung gehören sechs Erwachsene. Sie schreiben, dass diese Form der religiösen Erziehung, die richtige Art und Weise sei. Hierbei würde versucht, allen Religionen gerecht zu werden. Dies habe die Wirkung, dass die Menschen keine negativen Vorstellungen über die anderen entwickeln und einander lieben.

Im Islam bilden aber Religion und Politik eine Einheit und die Muslime müssen für alle Lebensbereiche Rechenschaft vor Gott abgeben. Aus diesem Grund stehe für acht Erwachsene Fest, dass bei einer Trennung von Religion und Politik, die Religion schwinde. Religion und Politik dürfe ihrer Ansicht nach nicht voneinander getrennt sein: „Wie das Fleisch vom Knochen."

Auswertung von Frage 17:

Der Islam ist mir eine Orientierung, eine Hilfe und gibt mir Halt in meinem Leben.

Warum und in welchem Bereich?

34 Erwachsene finden, dass der Islam ihnen Halt und Orientierung gibt. Die Religion als Stützpunkt entlaste sechs Erwachsene psychologisch, gebe ihnen Zufriedenheit, Sicherheit, Trost und Frieden in schlechten Zeiten. Als eine „Quelle der Entwicklung" in allen Lebensbereichen wird die Religion von 16 Erwachsenen empfunden. Sie orientieren sich an den Vorgaben des Korans und sehen im Propheten ein Vorbild nach dem sie streben. Sie streben auch nach der Vermeidung von Sünden, nach Ehrlichkeit, nach guten Absichten und Handlungen. Für zwei Erwachsene sei die Religion eine Lebensanweisung für das Jenseits. Durch Orientierung an diese Lebensanweisung erfolge die Errettung von der Hölle im Jenseits. Sieben Erwachsene heben hervor, dass durch das Glauben an Gott und die Erfüllung der religiösen Pflichten die Gebete erhört werden. Infolgedessen werde der Mensch glücklich und gütig, könne Hindernisse mit Leichtigkeit überwinden und finde Recht und Gerechtigkeit in den Gesetzen. Ein Erwachsener ergänzt, das Gesellschaften in denen der Unglaube herrsche, den Menschen und der Umgebung schade.

Auswertung von Frage 18:

Man ist als Moslem gezwungen, auf die Erfüllung mancher religiösen Pflichten zu verzichten, um keine Nachteile aufgrund der Religionszugehörigkeit zu erfahren.

Die Gegenwärtigkeit dieser Zwänge werden von 21 Muslimen bekräftigt. Die Kopfbedeckung, die bei der Anstellung für eine Arbeit Schwierigkeiten bereiten könne, wird von acht Erwachsenen angeführt. Die Einhaltung der Kleidungsvorschrift könne nach der Einstellung von einem Erwachsenen auch Nachteile bereiten. Der Islam und das Selbstbewusste Auftreten der Muslime wirken, nach den Befragungen zu urteilen, wohl gelegentlich befremdlich und als unnahbare Fronten.

Die Erfüllung der rituellen Gebete am Arbeitsplatz ergeben für sechs Erwachsene Schwierigkeiten. Über die mangelnde Demokratie bezüglich der Umsetzungsmöglichkeiten der religiösen Pflichten. Die Umsetzungen der religiösen Pflichten nach den Launen der Menschen, der Gläubigen, ergeben für drei Erwachsene Schwierigkeiten mit erheblichen Folgen. Diese Gegebenheit beschränke ihrer Meinung nach bestimmte Glaubensweisen. Beschränkungen gibt es für drei Erwachsene bezüglich der religiösen Praxis in den Moscheen. Dazu gehöre das Verbot des Gebetsrufes durch den Muezzin, die Kontrolle der Predigtthemen der Imame und verübte Anschläge, die weitere Gläubige vom Besuch der Moschee abhalten. Diese Zwänge zum Verzicht auf die Erfüllung der religiösen Pflichten im Islam werden von einem Erwachsenen als eine Form des Missionierungsversuchs betrachtet. Er schreibt, dass dem Missionierungsversuch mit religiöser Bildung begegnet werden könne. Selbstbewusste Personen, die religiös ungebildet sind, würden stets gezwungen sein, sich für ihre Religion zu verteidigen. Das Fastenbrechen werde durch die Arbeit manchmal hinausgezögert.

14 Erwachsene vertreten die Meinung, dass jeder machen kann, was er wolle und Niemand sich einmische. Sie sind davon überzeugt, das es keinen Zwang gebe, die von den religiösen Pflichten abhalte.

Auswertung von Frage 19:

Medien (Fernsehen, Zeitungen usw.) beeinflussen das Bild, die andere Menschen über Moslems haben.

Welchen Einfluss hat diese Tatsache auf das Zusammenleben?

Es entstünde ein falsches, mit Vorurteilen übersätes Bild über den Islam. Die Verbindung von Islam und Terror erschwere das friedliche Miteinander und verursache falsche Reaktionen. Die Aufregung sei selbstverständlich. Es würden Unruhen folgen und die Begegnung mit Muslimen erfolge ungewollt, nur in Abhängigkeit mit unausweichlichem. Die Moslems würden aus diesem Grund unbeliebt werden. So beschreiben 15

Erwachsene den Einfluss der Medien. Sechs Erwachsene erklären, das negative Berichte den Blickwinkel der Andersgläubigen beeinflussen, die Diskriminierung schüren, Menschen aufeinander hetzen, Angst und Mauern in den Köpfen produzieren würden. Dies beeinflusse das Zusammenleben stark negativ. Ein wahrer Moslem, der die Befehle Gottes befolge und die religiösen Pflichten umsetze, würde nichts schlechtes tun können, von dem in den Medien berichtet werden könnte. Die Medien seien einseitig, subjektiv und vorurteilsvoll und würden die Fehler eines Menschen einer Religion aneignen. Dieser Standpunkt wird von fünf Erwachsenen vertreten. Die Medien würden, nach der Erfahrung von vier Personen, den Islam als eine Religion von Zurückgebliebenen entwerten. Dies hindere die Menschen daran, den wahren Islam und die Moslems kennen zulernen. Diese Art der Berichterstattung steigere den Druck auf die Moslems. Anschläge gegen die Moslems, Zerstörungen und Schlägereien können, in Anlehnung an die Aussagen von drei Erwachsenen der Befragung, ihre Quelle darin haben.

Ein Erwachsener schreibt schlicht: „Das Zusammenleben bleibt unbeeinflusst, der Blickwinkel der Christen ändert sich.“. Aber es gebe zu wenig Aufklärung durch die Muslime. Vier Erwachsene betonen, dass die Gedanken jeder Person persönlich seien. Die falschen Berichte seien für sie Anlass für Gespräche. Über Diskussionen könne man Gedanken äußern und das Richtige vom Falschen unterscheiden.

Auswertung von Frage 20:

Der Islam wird im Vergleich zu anderen Religionen als eine rückständige Religion gesehen, der den Fortschritt behindert.

Wie beurteilen Sie als Moslem diese Behauptung?

Diese Vorurteile behindern das friedliche Zusammenleben der Menschen. Doch ist es sehr schade, dass auch Muslime sporadisch diese Meinung teilen und zur Verfestigung dieser in der breiten Bevölkerung beitragen. So empfindet ein Erwachsener Muslim aus der Befragung, dass der Islam heute zurückgeblieben sei. Im Gegensatz zu diesem Erwachsenen bekräftigen zwei weitere, wie fortschrittlich der Islam schon zur Zeit des Propheten gewesen sei.

Als komplett falsch und vorurteilsbelastet wird die obige Behauptung von 25 Erwachsenen eingestuft. Neun Personen begegnen dieser Behauptung in Anlehnung an die Religion. Die Religion hebt für sie Recht und Gerechtigkeit hervor, und steht für die Ruhe und Zufriedenheit der Menschen ein. Die Menschrechte waren „im Islam schon zu so früher Zeit Diskussionsthema, während Europa im Mittelalter im dunkeln und in Grausamkeit gelebt [...][habe]“. Die Verpflichtung des Menschen, sich Wissen anzueignen und die Hintergründe der Gebote zu verstehen nennen acht Erwachsene und sechs Erwachsene betonen, dass die Religion

Wissenschaft, Forschung und Technik fördere. Sie berufen sich auf Zitate aus dem Koran und schreiben. Es heißt: ´Ihr müsst für die Welt arbeiten, als würdet ihr niemals sterben´. Drei Erwachsene schreiben, dass Fanatiker und Unwissende, die die islamischen Regeln vermischen, den Blickwinkel zum Islam negativ beeinflussen. Weitere drei Erwachsene beziehen die Ereignisse, die die Allgemeinheit zu solchen realitätsfernen Vorstellungen führen, auf die persönlichen Ansichten der Menschen und ihrem Umgang mit der Religion, aber nicht auf die Religion selbst. Jeweils zwei Erwachsene schreiben folgendes über die Religion. Die Religion fördere die charakterliche und moralische Entwicklung des Menschen. Es stehe für Duldsamkeit, Brüderlichkeit und Fleiß. Der Islam sei die letzte und deshalb die modernste Religion. Er sei eine weitsichtige Religion. Der Islam sei universell und zu jederzeit aktuell. Er schätze den Menschen, die Umwelt, alle Lebewesen und bewerte sie als ein Teil des Ganzen, was Gott erschaffen hat. Die Verbreitung des Islam soll durch solche Behauptungen verhindert werden. Vereinzelt benennen Erwachsene, warum andere Menschen vom Islam solch ein Bild haben könnten. Sie geben folgendes an. Die Bekleidungsvorschrift würde falsch verstanden und aus diesem Grund als rückständig betrachtet. Der Islam sei nicht veränderbar und habe Regeln. Deshalb würde er als konservativ betrachtet.

Zusammenfassend kann gesagt werden, dass sich der Islam in der Bundesrepublik Deutschland mit seinen etwa drei Millionen Anhängern, hauptsächlich als die Religion der Migranten präsentiert. In ständigem Zusammenhang mit Terror und Fanatismus gebracht, stößt er auf Ablehnung und Antipathie in der Gesellschaft. Berichte der Medien und die Ereignisse in den islamischen Ländern lösen in den Menschen das Gefühl der Angst aus. Der Islam ist der deutschen Bevölkerung im Allgemeinen fremd. Es besteht die Befürchtung von Indoktrination und die Angst vor Anschlägen. Durch die Vermischung von Religion und Tradition können kulturelle politische Eigenheiten kaum auseinandergehalten werden. Der Dialog wird erschwert.[45]

Er muss noch Mauern durchbrechen. Dazu erfordert es Kenntnisse über Bedingungen, Voraussetzungen und Ziele des interreligiösen Dialogs zu erwerben. Im nächsten Kapitel werden diese, mit einem Bezug zur Bedeutung der religiösen Bildung, näher betrachtet.

45 Renate Beyer (2000): Interreligiöser Dialog – Schlagwort oder Chance? Gütersloher Verlagshaus, Gütersloh, S.14, S.15.

3.4 Die religiöse Bildung als Prämisse des interreligiösen Dialogs

> „Meist stehen Halbwissen und Vorurteile am Anfang von Missverständnissen und Ablehnung [...] das passiert ganz ähnlich auch in Kairo oder in New York oder anderswo in der Welt."[46]

Kreitmeier sieht das Ziel des Dialogs zwischen Christen und Muslimen in der Überwindung des Misstrauens und der Vermittlung des Wissens über die Glaubensgrundsätze und das alltägliche religiöse Leben. Er ergänzt, dass es dabei nicht um das harmonische Miteinander ginge, sondern vielmehr um die Benennung von Differenzen und unvereinbaren Widersprüchen zwischen den Religionen und dem Aushalten dieser Tatsachen.

Zu den Prämissen einer Auseinandersetzung auf dem Gebiet der Religion gehört die Kenntnis der Sprache des Anderen, die Einladung der Mitbürger zu Aktivitäten, Bildungsveranstaltungen, Festen, gegenseitigen Hausbesuchen. So können Widerstände und Ängste zugunsten ehrlicher Gespräche, Dialoge abgebaut werden. Die interreligiösen Dialoge sind bislang nicht sehr ausgebaut.[47]

> „In der Regel findet heute der christlich-islamische Dialog zwischen Vertretern der Kirche und denen islamischer, meist türkischer Vereine statt. Doch machen Vertreter unserer muslimischen Mitbürger darauf aufmerksam, dass nur rund 15 Prozent der in Deutschland lebenden Muslime in solchen Vereinen organisiert sind."[48]

Auf muslimischer Seite ist die Angst vor Missionierung durch die Christen noch sehr stark. Aus diesem Grund verbieten die Türken ihren Kindern häufig den Umgang mit Deutschen. Diese Angst gilt ebenso zu überwinden als die Angst vor Überfremdung auf deutscher Seite. Begegnungsstätten bieten die Möglichkeit diese Anonymität aufzuheben.[49]

> „Angst voreinander ist keine Grundlage für ein Leben miteinander. Angst führt zu Mißtrauen und Gegnerschaft. Wenn wir aber über unsere Ängste sprechen, dann wollen wir sie endlich überwinden zum gegenseitigen Vertrauen hin, zur Bereitschaft, einander zu akzeptieren, Versöhnung und Verständigung zu schaffen und Partner, ja auch Freunde zu werden."[50]

---

46 Ebd., S.15.

47 Kreitmeir 2002, S.260-263.

48 Ebd. , S.261.

49 Kreitmeir 2002, S.253.

50 Adel Theodor Khoury (1991): Was ist los in der islamischen Welt? Die Konflikte verstehen. Verlag Herder, Freiburg im Breisgau, S.27.

Die religiöse Bildung ist eine Chance für ein aufgeklärtes Zusammenleben. Es fördert die Dialogbereitschaft. Das einander Näherkommen durch Aufklärung bedarf jedoch der Offenheit auch unvereinbares so anzunehmen und dies als das Andere zu akzeptieren. Etwas Fremdes bleibt immer, sollte jedoch nicht dialoghemmende Wirkung haben. Die Bereitschaft, einander zu begegnen, zu empfangen, zu erklären und sich erklären zu lassen, fördert die Kommunikation zwischen den Generationen und zwischen den Religionen.

> „Die erste Botschaft der Religion ist das Gebet und für die Menschen der Friede. Aufrichtiges Gebet verhindert und bewahrt uns vor schlechtem Tun. Deshalb bewirkt Religion nur Gutes. Religion als Argument für eine feindselige Haltung gegenüber anderen ist eine falsch verstandene Religion. Nur das Wissen um die eigene Religion und das Wissen um die Religion der anderen verhindert einen Missbrauch und fördert die Solidarität zum Wohle aller.“[51]

Eine pluralistische Gesellschaft, die die Bedeutung des Glaubens wertschätzt und aus diesem Grund vielfältige Möglichkeiten, zum Erwerb der religiösen Bildung, anbietet, bewirkt nicht nur die innere Zufriedenheit der Gläubigen. Sie bewahrt auch eine positive Atmosphäre in der Bevölkerung, eine friedvolle Hinwendung der Menschen zueinander und deren Zusammenhalt, trotz unvereinbarer Differenzen.

[51] Religionsgemeinschaft des Islam LV Baden-Württemberg [Islam Dini Toplumu] (1998): Innenansichten. Kleiner Moscheeführer. Basis-Verlag, Stuttgart, S.2.

4 Institutionen religiöser Erziehung

Die institutionelle religiöse Erziehung erfolgt in der Bundesrepublik Deutschland auf sehr unterschiedlichen Wegen. In den öffentlichen Schulen, den Kindergärten, den Kirchen und Moscheen durch die Religionsgemeinschaften. Einzelne Möglichkeiten der religiösen Bildung der Muslime, die in diesem Abschnitt angerissen werden, befinden sich noch am Anfang ihrer Geschichte und werden zukünftig sicherlich noch ausgebaut werden.

4.1 Die Funktion der Moscheen als soziale Einrichtung

Die Moschee fungiert nicht nur als Gebetsstätte für die Muslime. Ebenso liegt ihre Funktion auch in der Aufgabe, eine Begegnungsstätte zu sein, die soziale Kontakte zwischen Muslimen und einstweilen auch zu Christen und anderen interessierten Personenkreisen fördert. Verschiedene Aktivitäten und Arbeitsmethoden der Moscheen veranschaulichen die Bedeutung der Moscheen für das soziale Wohlbefinden und die Problemlösung der Muslime, das Zusammenleben mit den Christen, sowie der positiven Auswirkung auf die Integration.

Informationsveranstaltungen zu aktuellen Themen, wie verschiedene Vorträge zur Einbürgerung und worauf man achten sollte, ist nur ein aktuelles Thema, das von einer Kölner Moschee aufgegriffen wurde, um die Gemeinde zu informieren.

Besonders verstärkt durch Vorfälle, wie die des 11.September, entstanden Forderungen nach mehr Kontrollen in den Moscheen. Dies ging soweit, dass sogar die Predigt in deutscher Sprache gehalten werden sollte. Die Öffentlichkeit will die Gefahr bannen, die sich aus den Moscheen heraus entwickeln kann. Die religiöse Kompetenz der Prediger somit auch die religiöse Erziehung in den Moscheen wird in Frage gestellt. Ersteres ist jedoch längst nicht mehr so, wie sie einmal war. Auch die Bildung der Prediger unterliegt der Entwicklung der Zeit.

4.1.1 Die religiöse Kompetenz der Prediger.

Der Prediger wird von der Gemeinde gewählt. Die Voraussetzungen sind, dass man die Sunna[52] weiß, die Koraninhalte kennt, die Gemeinde betreut und die Freitagsansprache halten kann. Die Freitagsansprache können jedoch nur islamische Gelehrte mit einer entsprechenden Ausbildung halten. Diese Situation bestand zu Beginn der Bildung der Religionsgemeinschaften in den Gebetsräumen der Gastarbeiter.

---

52 vergl. Definition in Abschnitt 3.1 Die Jugendlichen: Auswertung zur Frage 1.

Entsprechend waren die Prediger der Moscheen ursprünglich Gastarbeiter. Später waren sie gesandte Prediger aus den Heimatländern. Heute gibt es Prediger deren religiöse Bildung unvergleichbar der religiösen Bildung der damaligen Prediger ist, die zu Beginn der Zeit, in dem die Moscheen gebaut wurden, in den Gebetsräumen der Baracken eingesetzt wurden. In den vergangenen vierzig Jahren hat sich viel getan. Ein aus der Gruppe der Prediger herausragendes Beispiel möchte ich an dieser Stelle anführen.

Der Imam der An-Nur Moschee Herr Mohammed Ibrahim, in der Waldstadt des Stadtkreises Karlsruhe, ist ein 33 Jahre alter Ägypter. Nach dem Erwerb des Abitur in Ägypten kam er in die Bundesrepublik Deutschland und studierte Wirtschaftsingenieurwesen an der Karlsruher Universität. Parallel zu seinem erwähnten Studium studierte er islamische Theologie in Frankreich. Neben diesem Fernstudium lernte er aus privatem Interesse eigenständig den Koran auswendig. Um sein fundiertes Wissen im Islam und seiner Kenntnis des Koran bestätigen zu lassen, ging er nach Ägypten, in die Al-Azhar Universität in Kairo, wo er eine besondere Auszeichnung erhielt. Die Auszeichnung gibt die offizielle Erlaubnis und Bestätigung, dass die Person in der Lage ist, ihr Wissen über den Koran weiterzugeben.

Die Überlieferung der Koraninhalte erfolgt auf zwei verschiedene Weisen. Zum einem wird der Koran mündlich und zum Anderen schriftlich weitergegeben. Mit der Auszeichnung der Al-Azhar Universität wird auch eine Kette der mündlichen Überlieferung des Korans bis zum Propheten Mohammed erweitert. Hiermit kann gesagt werden, wer den Koran durch den Imam der An-Nur Moschee Mohammed-Ibrahim vermittelt bekommt, gehört auch zu den wenigen, die das Glück haben, ein Glied solch einer Kette sein zu können. Mohammed-Ibrahim ist seit zwei Jahren in der An-Nur Moschee hauptberuflich als Imam tätig. Darüber hinaus engagiert sich Herr Mohammed-Ibrahim neben Frau Ulrike Krumm, der christlichen Vorsitzenden der Gesellschaft, in der Christlich-Islamischen Gesellschaft Karlsruhe e.V. als Muslimischer Vorsitzende für den Dialog zwischen Christen und Muslimen.

Der Verein der An-Nur Moschee finanziert sich aus Spendengeldern, Mitgliedsbeiträgen, vom Ertrag des Ladens in der Moschee sowie von der Bibliothek. Aktive Vereinsmitglieder zahlen einen Mitgliedsbeitrag von 10 Euro für Studenten und 20 Euro für Arbeiter monatlich. Der Imam wird in seiner Tätigkeit von den Vereinseinnahmen bezahlt.[53]

Die Imame von Moscheen, die der türkisch islamischen Union der Anstalt für Religion e.V. der DITIB, angehören, werden vom türkischen

53 Interview mit dem Imam der An-Nur Moschee in Karlsruhe: Herr Mohammed-Ibrahim, Sommer 2005.

Staat für drei Jahre entsandt und bezahlt. Es besteht eine Möglichkeit der Verlängerung der Anstellungsfrist. Die Voraussetzung für die Bewerbung für diese Tätigkeit im Ausland ist eine vierjährige Berufserfahrung nach Abschluss ihres Studiums.[54]

Die vom türkischen Staat entsandten Imame haben verschiedene Ausbildungsniveaus. Es gibt immer noch Imame, die „nur" die sogenannten „Vorbeter- und Prediger-Gymnasien" abgeschlossen haben. Einige Imame schlossen anschließend ein zweijähriges Theologieaufbaustudium ab und wieder andere studierten vier Jahre an einer theologischen Fakultät der Universitäten in der Türkei. Die Zugehörigen der letzteren Gruppe werden heute häufiger entsandt. Die Gesetze bezüglich der verlangten Voraussetzungen sind strenger geworden, es wird mehr religiöse Bildung von den Imamen erwartet.[55]

> „Die Auswahl der von der Türkei aus nach Deutschland entsandten [etwa 400] Amtsgeistlichen erfolgt durch eine "Gemeinsame Kulturkommission" von Vertretern der Ministerien der Finanzen, der Bildung, des Äußeren und für Religionsangelegenheiten."[56]

Zu den Aufgabenbereichen der Prediger gehört die Leitung der Pflichtgebete, die Durchführung der islamischen Trauung, das Halten von religiösen Ansprachen (Freitags und an Festtagen) sowie die Erteilung der Korankurse.[57]

Die DITIB kümmert sich um die religiösen, kulturellen und sozialen Bedürfnisse der Gemeinschaft der Muslime. Dies erfolgt in Zusammenarbeit mit dem Dachverband und der Abteilung für Religion im türkischen Generalkonsulat Karlsruhe für die Muslime in Baden.[58]

Diesbezüglich werden Beispielsweise, die heutzutage in den Moscheen gehaltenen Freitagspredigten, der Imame von DITIB, in vielen Moschen, durch die stark verbesserten Sprachkompetenzen dieser, auch in deutscher Sprache vorgetragen. So dass alle Muslime, mit verschiedenen sprachlichen Hintergründen, und die Generationen von Jungen Einwanderern, die ihrer Muttersprache nicht mehr mächtig sind, den Inhalt der Predigt verstehen und verfolgen können. Weitere wesentliche Faktoren einer Predigt mit deutscher Übersetzung sind, der Abbau der Befürchtungen vor dem Islam und der Abwendung der Gefahr von Missionie-

---

54 Interview mit dem Religionsattaché des Karlsruher Generalkonsulats: Herr Ibrahim, 26.04.2005.

55 Telefonat mit dem Religionsattaché des Karlsruher Generalkonsulats: Herr Dursun Aygün (Nachfolger von Herrn Ibrahim), 06.12.2005.

56 Moschee. Der Imam der Moschee. URL: http://www.civh.de [Stand 29.12.2005]

57 Ebd. Imam der Moschee [Stand 29.12.2005]

58 Interview mit dem Religionsattaché des Karlsruher Generalkonsulats: Ibrahim : 26.04.2005.

rungsversuchen, durch fanatische Islamisten, in den Moscheen und den damit einhergehenden Versuchen, von den Gegnern der Verbreitung des Islam, Korankurse und Aktionen in den Moscheen zu verbieten.

„Freitagspredigt

8.12.2008, DITIB Köln

„Unsere religiösen Feste und das Opferfest

بسم الله الرحمن الرحيم

لَنْ يَنَالَ اللَّهَ لُحُومُهَا وَلَا دِمَاؤُهَا وَلَكِنْ يَنَالُهُ التَّقْوَى مِنْكُمْ

Im Namen Allahs, des Erbarmers, des Barmherzigen

"Weder das Fleisch der Opfertiere wird Allah erreichen, noch ihr Blut, sondern eure Frömmigkeit und eure Ehrfurcht."

Der Koran, Sure "Hadsch" , Vers 37

Verehrte Gläubige,

Heute erfüllt uns eine besondere Freude, denn heute begehen wir das zweite unserer religiösen Feste, nämlich das Opferfest. Lob und Dank sei Allah dafür, dass wir ein weiteres Mal diese heiligen Tage erleben dürfen. Religiöse Feste sind Tage der Freude und des Glücks. An diesen Tagen erfreuen wir uns gegenseitig, geben und erhalten Liebe. Religiöse Feste sind ferner besondere und heilige Tage, in denen traditionelle und religiöse Werte wieder im Vordergrund stehen, die Einheit und der Zusammenhalt gestärkt, die gegenseitige Liebe und der gegenseitige Respekt vertieft, Solidarität und Brüderschaftlichkeit wieder auf die Tagesordnung gerufen, Bedürftige und Alleinstehende erfreut sowie Feindseligkeiten und Streitigkeiten beendet werden.

Verehrte Gläubige,

Wie gesagt begehen wir heute das Opferfest und damit das zweite unserer religiösen Feste. Opfern bedeutet, sich Gott nähern. Opfern bedeutet, sich bewusst werden darüber, dass man ein Diener Gottes ist. Opfern bedeutet, seine Aufopferungsbereitschaft für Gott unter Beweis zu stellen. So sagte unser Prophet: "Nichts ist Allah in den Tagen des Opferfestes lieber, als das Opfertier, das ihr Ihm darbringt." [1] womit er uns dazu aufforderte, Tieropfer darzubringen. Wie bei jeder anderen gottesdienstlichen Handlung auch, müssen wir bei der Darbringung des Opfers darauf achten, dass wir dabei aufrichtig und ehrfürchtig sind und das Opfer nur darbringen, um damit Gottes Wohlwollen zu erlangen. Schließlich heisst es hierzu im Koran: "Weder das Fleisch der Opfertiere wird Allah erreichen, noch ihr Blut, sondern eure Frömmigkeit und eure Ehrfurcht." [2]

[...]

Verehrte Muslime,

Möge die Freude, die uns die Festtage bereiten, bis in den letzen Winkel Ihrer Herzen dringen und möget Ihr diese Freude mit allen bedürftigen, allein stehenden oder anderen Not leidenden Menschen teilen, deren Herzen von bitteren Ereignissen verletzt sind. Mögen die Festtage dazu beitragen, dass wir uns auf unsere Religion besinnen und unsere kulturellen und religiösen Werte wieder entdecken, dass wir Streitigkeiten und Zwist bei Seite legen und dass die Kriege und das Leid in der Welt ein Ende finden. Ihr solltet in diesen Tagen Eure Eltern, Eure Verwandten, Eure Nachbarn sowie kranke Menschen besuchen und somit ihr Wohlwollen erlangen, auf dass sie Euch hoffentlich ihre Gebete mit auf den Rückweg geben. Ihr solltet dabei auch die Gelegenheit nutzen und besonders unseren Kindern diese Werte beibringen, bzw. wieder in Erinnerung rufen. Zusammenfassend sollten die Festtage dazu dienen, die menschlichen und moralischen Werte weiter zu geben und diese wieder aufleben zu lassen. Abschließend möchte ich mich bei allen unseren Migranten der ersten Generation bedanken, die, allen anfänglichen Schwierigkeiten zum Trotz, diese Moscheen und all die anderen wohltätigen Einrichtungen, gekauft und uns zur Verfügung gestellt haben, damit wir uns hier an solchen Festtagen wie heute auf unsere traditionellen und religiösen Werte besinnen können. Ihnen allen danke ich aus ganzem Herzen, wünsche denjenigen, die bereits von uns gegangen sind, dass Allah sie in Seine Gnade aufnimmt und sich ihrer erbarmt sowie allen anderen noch ein langes Leben und beste Gesundheit. Den jungen Menschen und nachfolgenden Generationen, die diese Verantwortung und Aufgabe nun weiter tragen, wünsche ich viel Erfolg dabei. Ich wünsche Ihnen allen ein gesegnetes Opferfest und dass es uns allen, sei es in der Türkei, in Deutschland oder der ganzen Welt, Frieden, Gerechtigkeit und Gesundheit beschert.

[1] Tirmizi, Edahi, 1. [2] Der Koran, Hadsch:37. Die Predigtkommission“[59]

4.1.2 Die Aktionen und Kurse der Moscheen

Die Forderungen der Kritiker der Korankurse die durch die Einführung des Religionsunterrichtes in allgemeinbildenden Schulen keinen Grund mehr für die Aufrechthaltung religiöser Bildung in Moscheen sehen, zeigt sich angesichts der Funktion der Moscheen hinfällig. Die Einführung des islamischen Religionsunterrichtes kann kein Grund zur Ab-

59 Freitagspredigt. Unsere religiösen Feste und das Opferfest. Die Predigtkommission. DITIB Köln. URL: http://www.ditib.de/media/Image/hadis/hutbe_08122008_de.pdf [Stand: 08.12.2008]

schaffung anderer Möglichkeiten der religiösen Unterweisung und Ausübung sein. Die soziale Funktion der Moscheen für die Integration der Muslime ist unübersehbar. Sie geht weit über die Vermittlung religiöser Inhalte hinaus und zeigt sich anhand der unterschiedlichen Aktionen, die durch die Mitglieder organisiert werden. Und schließlich kann man sagen, das trotz des christlichen Religionsunterrichtes auch in Kirchen und in christlichen Gemeinden verschiedene Kurse und Aktivitäten angeboten und organisiert werden, ohne dass eine Gefahr darin gesehen wird. Die Angst der Mehrheit um den Verlust der eigenen Identität, wird hier zum Ausdruck gebracht.

> „Bei Deutschen wächst die Angst, einer >>asiatischen<< Minderheit Heimatrecht in >>unserer abendländischen Kultur<< geben zu müssen. Das Problem spitzt sich zu, indem ja Türken als einzige >>orientalische<< Bevölkerungsgruppe von der Masse her so stark sind, daß sie ganze Stadtviertel in ihrem Erscheinungsbild verändern. Dies beginnt mit buntgekleideten, kopftuchverhüllten Frauen, setzt sich fort mit fremdartig klingender >>orientalischer<< Musik, wie sie hier und dort über Kassettenrecorder aus Radiogeschäften oder Kaffeehäusern klingt, und endet bei Moscheekuppeln und Minaretten in unmittelbarer Nachbarschaft deutscher Wohnviertel.“[60]

> „An der Wende zum 21. Jahrhundert sind es etwa 3,3 Millionen türkischstämmige Zuwanderer, nun im vereinigten Deutschland angesichts einer Einwohnerzahl von 82 Millionen. Unter welchen Umständen könnte sich hier das Minderheitsverhältnis umkehren [und zum Verlust der Identität der Mehrheit führen, Anm. d. Verf.]?“[61]

Die Aktionsbereiche der Moscheen gliedert Akbulut in nachstehende Bereiche und prüft diese auf ihre integrationsfördernde Wirkung hin:

- Sportliche Aktivitäten,
- Aus- und Weiterbildungskurse,
- Kulturelle und wissenschaftliche Tätigkeiten,
- Soziale Aktivitäten,
- Korankurse.

Die sportlichen Aktivitäten, wie Fußball, Karate, Taek-wan-do, bieten den Jugendlichen sinnvolle Möglichkeiten, ihre Freizeit zu gestalten.

---

60 Gerhard Schweizer (2003): Islam und Abendland. Geschichte eines Dauerkonflikts. Klett-Cotta Verlag, Stuttgart, 2. erweiterte und aktualisierte Auflage, 1995, S.338.

61 Schweizer 2003, S.325.

> „Das Hauptmotiv dabei ist, [...], sie „von der Straße" [zu] holen, wo sie sonst mit der Kriminalität konfrontiert würden."[62]

Durch Turniere mit Gruppen anderer Nationalitäten, besteht die Möglichkeit für alle beteiligten Jugendlichen, ihre Vorurteile abzubauen und Gemeinsamkeiten zu entdecken.

Durch die Aus- und Weiterbildungskurse erhalten Jugendliche, Hausfrauen aber auch Männer eine Chance sich in der deutschen Arbeitswelt zu integrieren. Häufig angebotene Kurse sind: Sprachkurse, Schreibmaschinen- und Computerkurse, Nähkurse und schließlich Kurse in Elektro- und Metallberufen. Die Sprachkurse ermöglichen die Kommunikation und erleichtern das Leben in der sprachfremden Umgebung und werden besonders von neu eingewanderten Familienmitgliedern besucht. Alle genannten Kurse ermöglichen eine Integration in der Arbeitswelt, besonders für Jugendliche die keinen Ausbildungs- und Arbeitsplatz haben, stellt dies die „einzige Chance" dar.[63]

Akbulut führt auf, dass „die türkischen Moslems in der Bundesrepublik Deutschland auch ihre eigenen islamischen Medien etabliert" haben. Diese (zum Teil schon vorhandenen Medien) islamischen Zeitschriften, Zeitungen, Fernseh- und Rundfunkprogramme sollen in den Moscheen geplant und organisiert werden. Die Muslime können in den eingerichteten Bibliotheken der Moscheen wissenschaftliche Studien ausüben. Aus religionssoziologischer Sicht sieht er die integrationsfördernde Wirkung der kulturellen und wissenschaftlichen Tätigkeiten im aufgeklärten Islamverständnis.[64]

Akbulut stützt sich auf Abdullah und schreibt:

> „... in der Bundesrepublik Deutschland [finden] regelmäßig wissenschaftliche Symposien über wirtschaftliche und soziale Fragen des Islam statt, die internationale Beachtung genießen."[65]

Die Moscheen sind für die Muslime in der Diaspora also nicht nur Gebetsstätte. Als soziale und kommerzielle Einrichtung sind in den Moscheen, als Haupttreffpunkt der Muslime, auch Räumlichkeiten wie Restaurants, Bibliotheken, Cafés und Lebensmittelgeschäfte, Friseure, um hier einige zu nennen, eingerichtet. Der Vorteil dieser Begegnungen in den entsprechenden Räumlichkeiten besteht im Austausch der Probleme, des religiösen Wissens zwischen und innerhalb von Generationen. Die „jüngere" Generation, hat hier oft, unter Anderem wegen ihrer hö-

---

62 Vgl. Akbulut 2003, S. 79.

63 Vgl. Ebd., S. 79f.

64 Vgl. Akbulut 2003, S. 80f.

65 Vgl. Ebd., S. 80 zitiert: Muhammed Salim, Abdullah (1993): Was will der Islam in Deutschland? Gütersloh, S. 38.

heren Bildung und ihren besseren Zugangsmöglichkeiten in die Makrogesellschaft, die Rolle des Sozialberaters. Der Austausch in den Frauengruppen und die Förderung der religiösen Bildung bzw. die Aufklärung der Frauen trägt dazu bei, dass die muslimischen Frauen sich emanzipieren. Auch die steigende religiöse Bildung der Männer und die daraus folgende Aufklärung wirkt, ergänzend durch ihren großen Beitrag, zur Loslösung von traditionellen Gewohnheiten und steigenden Zugeständnissen ihren Ehefrauen gegenüber. Gerade die Zeit im Ramadan ist dabei sehr von Nutzen. Sie fördert nicht nur die religiöse Bildung, sie stärkt auch das Bewusstsein der religiösen Gemeinschaft.[66]

> „Denn im Ramadan, in der „Nacht der Bestimmung" wurde die göttliche Offenbarung herabgesandt als Rechtleitung für den Menschen, als Führung Gottes, die den Menschen zwischen Gut und Böse unterscheiden lässt. [...] die Gläubigen [antworten] auf die Offenbarung des göttlichen Willens mit dem rituellen dreißigtägigen Fasten und mit der Rezitation des Korans. So wird im Ramadan der gesamte Korantext [...] nachts rezitiert. Auf diese Weise wird der Ewigkeit und Vollkommenheit des Korans gedacht."[67]

Die Moschee hat hier als Versammlungsstätte ihre besondere Bedeutung. Die Korankurse in den Moscheen sind, als Grundlage für die Rezitation, wesentlich für die Religiosität der Muslime. Welche Bedeutung die Rezitation des Korans für die Muslime hat, zeigen die folgenden Zitate:

> „[...] im Rezitieren des Korans erfüllt der Gläubige die Pflicht der Gottesverehrung. Der Koran muss gesprochen werden. Die 96. Sure, in der Muslime gewöhnlich die erste Offenbarung Gottes sehen, beginnt mit der Aufforderung „Rezitiere!" So empfing Muhammad den Text während der Offenbarung. Er las nicht, sondern sprach ihn nach. [...] Koranrezitationen [...] [sollen] die Schönheit und tiefe Bedeutung dieser Offenbarung Gottes vor Augen führen [...]."[68]

> „Der Koran gilt den Gläubigen als das direkte Wort Gottes, da er von Mohammed in der Form rezitiert wurde, wie er ihm von den Engeln offenbart und wie er später in arabischer Sprache aufgezeichnet wurde. Alle Muslime memorieren und rezitieren, unabhängig von ihrer Muttersprache, den Koran auf Arabisch, in der

66 Vgl. Ebd. 2003, S. 81f.

67 Brüll 2005, S.97.

68 Ebd., S.97.

> Sprache, in der er offenbart wurde - ganz gleich, ob sie diese Sprache vollkommen verstehen oder nicht."[69]

> „Den gesamten Koran auswendig zu kennen, gilt als großes Verdienst und bedeutet Prestige in der Öffentlichkeit."[70]

Auch im Gedenken an Verstorbene wird der Koran gelesen. Die Stellung der Koranrezitation im Islam ist von großem Belang und kann daher von der Religion nicht weggedacht werden. Diese religiöse Pflichterfüllung ist nur durch die Teilnahme an einem Korankurs erfüllbar und kann durch die Einführung des islamischen Religionsunterrichtes nicht ersetzt werden.

> „Die von den Gemeinden der DITIB in der Bundesrepublik durchgeführten Koran-Kurse werden von über 25.000 Kindern und Jugendlichen besucht."[71]

Der Besuch der Korankurse gehört nicht nur in der Diaspora zur religiösen Pflichterfüllung, der die religiöse Erziehung in der Familie und in den öffentlichen Schulen in der Heimat schon immer ergänzt oder sogar ersetzt hat.

> „Ob [...] [Kinder] im Elternhaus auch inhaltlich mehr über die Religion erfahren, hängt meistens vom religiösen Bildungsstand der Eltern ab. [...] [wenn] sie selbst nicht in der Lage sind, ihre Kinder religiös zu erziehen, wollen sie diese „Pflicht" zumindest dadurch erfüllen, daß sie ihre Kinder zu den Korankursen schicken."[72]

Der Religionsunterricht in den Schulen ist nicht in der Lage alle religiösen Bereiche im Alltag des Glaubens abzudecken. Er stellt lediglich einen Zweig dar. Die Aufgaben der Korankurse liegen in anderen Gebieten.

> „RU [sic] an den Schulen wird keineswegs die Korankurse der Moscheevereine überflüssig machen. Deren Aufgabe und Angebot des Einübens der arabischen Schrift und dem Lesenlernen des Korans, sowie Gebets- und Religionspraxis kann und soll isl. [sic] RU [sic] an der Schule nach unseren Vorstellungen nicht übernehmen. Isl. [sic] RU [sic] an den Schulen kann zwar eine gewisse Einführung beinhalten. Die zwei Unterrichtsstunden in der Woche sollen jedoch der Platz sein, wo Glaubensinhalte und Grundlagen des Islam kindgerecht vorgestellt und mit den Kindern erarbeitet werden sollen.

---

69 John L. Esposito (2004): Vom Kopftuch bis Scharia. Was man über den Islam wissen sollte. Aus dem Englischen übersetzt von Henning Thies. Für die deutschsprachige Ausgabe Reclam Verlag, Leipzig, 2003, 2.Auflage, S.24.

70 Ebd. , S.25.

71 Ebd. Imam der Moschee [Stand 29.12.2005]

72 Vgl. Akbulut 2003, S.34.

Über den isl. [sic] RU [sic] wird und soll sich die Zusammenarbeit von lokalen Moscheegemeinden mit der Schule entwickeln und wie wir meinen eine positive Befruchtung auf beiden Seiten bewirken."[73]

4.2 Die religiöse Erziehung in Kindergärten

Im Prozess der Integration sind aufgrund der Eigeninitiative von Eltern islamische Kindergärten entstanden. Um die Beweggründe zu verstehen, wird zunächst die religiöse Bildung in christlichen Kindergärten skizziert, die erst im Vergleich den besonderen Förderungsbedarf des muslimischen Kindergartenkindes erkennen lassen.

> „Kindertagesstätten in kirchlicher und freikirchlicher Trägerschaft nehmen sowohl einen Verkündigungs- als einen sozialdiakonischen Auftrag wahr. Deshalb stehen sie auch Kindern aus muslimischen Familien offen. Bei der Vermittlung biblischen Gedankenguts und der Feier christlicher Feste sollen grundsätzlich keine Abstriche gemacht werden. Selbstverständlich kann auch behutsam auf die islamische Kultur eingegangen werden, aber islamische Feste sollen nicht gefeiert werden. Muslimische Erzieherinnen dürfen nicht angestellt werden, da dies dem Verkündigungsauftrag widerspricht."[74]

4.2.1 Die religiöse Erziehung in christlichen Kindergärten

Krenzer nennt den Titel seines Buches „Glauben erlebbar machen" und trifft den Kern der religiösen Erziehung. Das Buch ist aus der Praxis entstanden und für die Praxis gedacht. Es enthält viele Anregungen zur erlebnishaften Umsetzung der religiösen Erziehung. Bei der religiösen Erziehung geht es um die Vermittlung des Glaubens der Bezugspersonen an die Kinder. Der persönliche Glaube im Kind kann nur auf der Basis des „Hineingenommenwerdens" in den Glauben der Eltern und Erzieher wachsen. Bei der Vermittlung des religiösen Erlebnisses ist es wesentlich, dass das Erleben des Erziehers hier echt ist und dass der Erzieher hinter dem steht, was er vermittelt. Krenzer betont:

> „Die Vermittlung religiösen Erlebens steht und fällt nicht mit der methodisch-didaktisch gelungenen Vermittlung von biblischen Inhalten, von Liedern und Texten, sondern allein mit dem religiösen Erleben des Erziehers. Das Vorschulkind ist in seinem Tun

73 Internet: http://www.transparenz.nl/einfru.htm: Islamischer Religionsunterricht: Stand der Diskussion zur Einführung an den Schulen in Baden-Württemberg: vom 22.11.2005.

74 Christlicher Glaube und Islam. Erklärung der Lausanner Bewegung Deutschland. URL: http://www.lausannerbewegung.de, S.13, [Stand: 02.12.2005]

und Lernen, in seinem gesamten Erleben mehr von dem jeweiligen Augenblick und der jeweiligen Situation bestimmt als vom Nachdenken über Vergangenes und Zukünftiges."[75]

Durch die fröhlichen elementaren Glaubenserlebnisse erfährt nach Krenzer das Kind, was der Glaube bewirken kann. Es erfährt Freude, Hoffnung und Vertrauen, Stärke, Mut, Liebe und Trost. Die Selbststärkung bewirkt eine Stärkung des Glaubens und des Vertrauens zu Gott. Es entwickelt ein Selbstvertrauen, ein Weltvertrauen. Die Einübung christlicher Grundhaltungen erfolgt durch gemeinsames Tun. In der Umwelt einer religiösen Erziehung werden soziale Verhaltensweisen deutlich und bewusst. Aufgrund der zentralen Bedeutung der religiösen Erziehung ist es wichtig, mit dem religiösen Erleben schon im Elternhaus zu beginnen. Tatsache ist jedoch, dass die erste Begegnung mit christlichen Lebensformen häufig erst im Kindergarten erfolgt. Vier Bereiche der religiösen Erziehung sind bei Krenzer aufgeführt.

„1. Ich und die anderen - die anderen und ich - vom guten Zusammenleben.[...]

2. Kirchenfeste im Jahreskreis.[...]

3. Geschichten aus der Bibel.[...]

4. Mit Gott sprechen, ihm danken und ihn bitten - Gottesdienst.[...]"[76]

Die Themen sollen eine Auswahl darstellen, anhand derer der Erzieher seinen Glauben erlebnismäßig vermitteln soll. Durch „Lebensbedeutsame Haltungen", wie Lob, Körperkontakt (die Hand geben), Spiel, Aufträge, Malen und Basteln, Feste und Feiern, Trost und Freude, entsteht die Möglichkeit, Ereignisse sinngebend und lustbetont deuten zu können.[77]

Kindertagesstätten sind Lern- und Erprobungsort für Kinder und elementar für ein langfristig gesichertes, tolerantes Zusammenleben verschiedener Kultur- und Religionsgruppen.[78]

Die starke Präsens muslimischer Kinder in christlichen Kindergärten erfordern für die religionspädagogische Arbeit eine Veränderung ihrer Konzepte.

---

75 Rolf, Krenzer (1989): Glauben erlebbar machen. Spielgeschichten und Lieder zur religiösen Erziehung im Kindergarten. Herder Verlag, Freiburg im Breisgau, 1985, 4.Auflage, S.13.

76 Ebd., S.45-189.

77 Krenzer 1989, S.13-18.

78 Wolf-Dieter Mayer (1987): Integration im Stadtteil. Möglichkeiten sozialer Intervention. Deutsche und Ausländer im Stadtteil - Integration durch den Kindergarten - Projekt Berlin Wedding. Verlag Schelzky & Jeep, Berlin, S.100.

> „Am Anfang mit wenigen Italienern und Jugoslawen war alles ziemlich unkompliziert. Aber seitdem ein Drittel der Kinder in den Gruppen Türken sind, müssen wir uns schon umstellen."[79]

Die Förderung des Dialogs in Kindertagesstätten und anderen Institutionen bewirkt eine Verbesserung der sozialen Versorgung durch angemessene Hilfe und Unterstützung sowie eine Verbesserung der sozialen Beziehungen. Die Verbesserung der sozialen Beziehungen zeigt sich durch vermehrte Nachbarschaft (weg von der „Gettoisierung"), gegenseitige Hilfe, Freundschaften und Toleranz.[80]

> „Die Frage der religiösen Identität, der Identität im Glauben, wird in der „normalen Diskussion" zur Frage der kulturellen Identität ausgeklammert. Kenntnisse über Moslems sind normalerweise noch seltener vorhanden und zu finden als Kenntnisse über verschiedene Kulturen gleicher christlicher Traditionen."[81]

> „Katholische Eltern, die Sorge hatten, daß durch die Aufnahme vieler Mosleme die katholische Position der Kindertagesstätte gefährdet sei, betonen heute, daß sie im Dialog mit den Moslemen ihre eigene Position deutlich herausgearbeitet haben.
>
> Erzieher wissen heute sehr viel mehr über moslemische Glaubensregeln und Verhaltensweisen und versuchen diese zu beachten.
>
> Moslemische Eltern wissen heute viel mehr über christlich-katholische Glaubensregeln und Verhaltensweisen und vertrauen den Erziehern heute weit mehr als früher."[82]

> „[Und dennoch zögern] muslimische Familien [...], ihre Kinder in Einrichtungen mit christlicher Weltanschauung zu geben, und [bevorzugen] somit kommunale Einrichtungen ohne spezifisch christliche Prägung [...]."[83]

---

79 Gaby Franger et. al (Hrsg.) (1982): Ausländerkinder. Erziehungspraxis in den Kindergarten. Otto Maier Verlag, Ravensburg, 3.Auflage, 1980, S.68.

80 Mayer 1987, S.100-101.

81 Ebd., S.99.

82 Ebd., S.99.

83 Wilma Aden-Grossmann (2002): Kindergarten. Eine Einführung in seine Entwicklung und Pädagogik. Beltz Verlag, Weinheim und Basel, S.239.

4.2.2 Die religiöse Erziehung in islamischen Kindergärten am Beispiel des Halimakindergartens in Karlsruhe

Eine fünfköpfige Gruppe von Eltern hatte die Idee von einem Kindergarten, in den sie ihre Kinder schicken konnten, in welchem auf die Besonderheiten dieser Kinder, ihrer Religion Wert gelegt wurde.[84]

> „Und was vielleicht noch ein Problem war damals, es wurde in den ganzen anderen Einrichtungen nicht so viel Wert gelegt auf das Essen, wenn man gesagt hat, man darf kein Schweinefleisch essen. Man konnte das nicht so kontrollieren. Das wurde nicht so bewusst wahrgenommen von den Personen, die dort gearbeitet haben und dann ist das Kind doch nach Hause gekommen und hat gesagt: „Ich habe dort Salami gegessen.".“[85]

1992 legte diese Elterninitiative mit der Gründung des Vereins, der im Dachverband freier Kindergärten eingetragen wurde, ihren Grundstein. Die Genehmigung der Stadt zur Eröffnung des Kindergartens kam fünf Jahre später und ermöglichte im September 1999 die Aufnahme der pädagogischen Arbeiten in den Räumlichkeiten des Halmakindergartens in Karlsruhe.[86]

Die religiöse Erziehung ist eins von zehn Schwerpunkten des pädagogischen Konzepts des Halimakindergartens. Weitere Schwerpunkte auf die hier nicht eingegangen wird sind: Spielen, Soziales Lernen, Sprechen und Sprache, Ästhetische Erziehung, Rhythmisch - musikalische Erziehung, Bewegungserziehung, Erfahrung mit der Umwelt, Verkehrserziehung, Umgang mit Kindern die schwieriges Verhalten zeigen.[87]

Diese Vielfalt bestätigt die Sicht des Halimakindergartens, das es sich vielmehr als eine multikulturelle Einrichtung versteht, in der andere Religionen und Kulturen kennen gelernt werden können, und weniger als einen islamischen Kindergarten. Der Halimakindergarten kann von allen Kindern sämtlicher Stadtteile von Karlsruhe besucht werden. Es gibt auch keine Beschränkung bezüglich religiöser und nationaler Zugehörigkeiten. Im Moment wird der Kindergarten von 22 muslimischen Kindern aus Syrien, Marokko, Eritrea, der Türkei, Libanon und Tunesien besucht. Kinder christlichen Glaubens haben auch schon den Kindergarten besucht. Es besteht jedoch noch immer eine Zurückhaltung auf Seiten

84 Interview mit der Leiterin des Halimakindergartens: Frau Mirela Dedajic, 13.05.2005.

85 Ebd.

86 Ebd.

87 Pädagogisches Konzept des Halima Kindergarten e.V. Letzter Stand: . URL: http://www.halima-kindergarten.de, S. 56 [abgerufen am 24.05.2005].

der christlichen Eltern, die diesen Kindergarten als eine islamische Einrichtung verstehen.[88]

> „[...] es braucht viel Öffentlichkeitsarbeit, damit die Leute den Kindergarten als eine multikulturelle Einrichtung einsehen und lernen. Das was da halt in den Medien läuft und dann liest [man] auch oft ein Halimakindergarten eine unabhängige islamische Einrichtung von Muslimen und dann [...] [möchte man diesen Kindergarten schon] gar nicht kennen lernen [...].“[89]

Eltern anderer Religionszugehörigkeit, deren Kinder den Halimakindergarten in den ersten drei Jahren nach der Eröffnung, besucht haben, haben diese Vielfalt als Bereicherung empfunden und besuchen heute noch den Kindergarten.[90]

Es lässt sich feststellen, dass bei der Wahl des Kindergartens Eltern christlichen Glaubens ähnliche Denkstrukturen aufweisen, wie die Eltern muslimischen Glaubens. Für beide Gruppen gilt die Befürchtung der Missionierung.

Im Halimakindergarten wird nicht nur durch gemeinsames Frühstücken, Kochen und Backen das Gemeinschaftsgefühl der Kinder unterstützt. In dieser Gemeinschaft sind auch die Eltern miteingebunden. Die Eltern helfen und wirken im Kindergarten aktiv durch ihre Unterstützung mit.[91]

> „Der Garten ist im Umbau. Es wird gerade eine Baumhütte durch einen Vater gebaut.“[92]

> „Wir sind auch ein Naturkindergarten, wir haben nur Holzspielsachen, wir essen aus dem biologisch dynamischen Aufbau.“[93]

Die Kinder sollen hier die Liebe zu Gott und zur Natur finden:

> „Hier wird einfach mal bewundert, wie eine schöne Blume gewachsen ist und wie das uns Gott geschenkt hat und wir einfach dankbar sind. Und wie die Karotten im Garten wachsen. Wie wir sie dann nachher genießen dürfen.“[94]

Zur religiösen Identitätsfindung und zur Integration gehört die frühe religiöse Sozialisation, die durch den Besuch eines multikulturellen und

---

88 Interview mit der Leiterin des Halimakindergartens: Frau Mirela Dedajic, 13.05.2005.

89 Ebd.

90 Ebd.

91 Ebd.

92 Ebd.

93 Ebd.

94 Ebd.

multireligiösen Kindergartens gezielt gefördert und gewährleistet werden kann.

> „insbesondere davon, wie [...] [die Eltern] in ihrem Leben mit religiösen Fragen und Problemstellungen umgehen und wie sie Stellung dazu beziehen[,] [...] resultieren bei einzelnen Kindern sehr unterschiedliche Einstellungen und Verhaltensweisen als Ergebnisse religiöser Sozialisation: Einige Kinder können wenig oder gar nichts mit religiösen Inhalten anfangen; andere sind mit Elementen religiöser Tradition vertraut; wieder andere lehnen ab, was mit religiösen Ausdrucksformen und Inhalten zu tun hat."[95]

> „Im Kindergarten erfährt das Kind, daß seine gewohnte Einstellung zu religiösen Ausdrucksformen [...] und Inhalten [...] Geschichten über die Propheten [...] nicht die einzige Möglichkeit ist. Es wird zustimmende, kritische, staunende fragende, lachende, spottende und ablehnende Stimmen zu religiösen Fragestellungen im Kreise seiner Spielgefährten hören. Am Erzieher wird es liegen, die unterschiedlichen Meinungen in toleranter Weise aufzunehmen und den Fragestellungen entsprechend weiter zu entwickeln. Er/Sie wird aber auch versuchen, selbst ein Beispiel für Toleranz und Mut zur Stellungnahme im Umgang mit Andersdenkenden."[96]

> „[Die] Aufgabe der Erziehung im Kindergarten ist es, Kinder in ihrer gesamten Persönlichkeit zu fördern. Solche ganzheitliche Erziehung nimmt die Erziehung in der Familie auf, ergänzt und unterstützt sie. Dabei greift sie auch Fragen nach Sinn und Ziel menschlichen Lebens auf und vermittelt dem Kind eine Sichtweise des Lebens und der Welt, die menschliches Leben als Sinnganzes versteht und ihm dadurch Richtung weist. Angebote, die dem Kind Hilfen und Anstöße in dieser Richtung vermitteln, braucht das Kind schon früh; religiöse Erziehung in diesem allgemeinen Sinne ermöglicht es ihm, entsprechende Erfahrungen zu machen und sich in der Vielfalt und Widersprüchlichkeit seines Lebens zu orientieren."[97]

In diesem Bereich muss eine Zusammenarbeit von Kindergarten und Elternhaus stattfinden. Konflikte und Übereinstimmungen in der religiösen Erziehung müssen offengelegt werden. Eine Eltern-Kind-Beziehung darf durch die religiöse Erziehung im Kindergarten nicht gefährdet werden.[98] Aus diesem Grund ist es wichtig, sich über die Schwierigkeiten der Elternarbeit, bezüglich religiöser Fragen, zu vergegenwärtigen. El-

---

95 Pädagogisches Konzept Halima, S.27 [Stand: 24.05.2005].

96 Ebd., S.28.

97 Ebd., S.27.

98 Ebd., S.28.

tern weisen eine allgemeine Scheu auf, öffentlich über religiöse Fragen zu sprechen. Der konfessionelle, religiöse und weltanschauliche Standpunkt der Eltern gestaltet sich vielfältig und vielschichtig. Diese Pluralität wirkt in die Gespräche zwischen Erzieher und Eltern, so dass die eigenen Glaubensprobleme der Erzieher und der Eltern mit in die Diskussionen einfließen und beachtet werden müssen.[99] Die Elternarbeit ist infolgedessen vorsichtig zu gestalten. Die Eltern müssen über religionspädagogische Arbeiten informiert werden.

Die religiöse Erziehung im Halimakindergarten konkretisiert sich im Erzählen von religiösen Geschichten, z.B. vom Propheten, im Feiern von den beiden islamischen religiösen Festen, im Reden über Feste anderer Religionen, im Singen von Liedern, im Gestalten von einem Puppenspiel im Ramadan, durch den die Kinder lernen, weshalb es wichtig ist zu fasten.[100]

Der Unterschied zu christlichen Kindergärten ist, dass die muslimischen Kinder hier auch in ihre eigene Religion eingeführt werden, die in christlichen Kindergärten erst in den letzten Jahren Beachtung gefunden hat.

4.3 Religiöse Erziehung im freiwilligen muttersprachlichen Ergänzungsunterricht

Die religiöse Erziehung im türkischen muttersprachlichen Ergänzungsunterricht ist Schwerpunkt des Faches „Religion und Sittenlehre". Darüber hinaus werden noch die Fächer „türkische Muttersprache" und „Sozialkunde (Geschichte, Geografie und Landeskunde)" unterrichtet. Heute soll durch den muttersprachlichen Unterricht gewährleistet werden, dass die türkische Bevölkerung Deutschlands ihre Sprache und Kultur bewahrt und sich im deutschen Leben stabiler einfügen kann. Ursprünglich wurde er zur Erleichterung der Re-integration im Heimatland eingeführt.

> „- Der Muttersprachliche Zusatzunterricht soll dazu dienen, die türk. Muttersprache zu erhalten und aufzubauen und die Verbindung zur türk. Kultur und islamischen Religion zu gewährleisten, um die eigene Persönlichkeit zu festigen."[101]

99 Ebd., S.28.

100 Interview mit der Leiterin des Halimakindergartens: Frau Mirela Dedajic, 13.05.2005.

101 Materialien zur Abstimmung zwischen dem deutschen Regelunterricht und dem türkischen muttersprachlichen Zusatzunterricht. Im Auftrag des Ministeriums für Kultus und Sport zusammengestellt von der deutsch-türkischen Kommission in Baden-Württemberg, 1986, S.12.

Im Speziellen sollen durch das Fach Religion und Sittenlehre folgende Ziele erreicht werden:

> „- Kennenlernen der Geschichte und Regeln der islamischen Religion als Voraussetzung für ein glückliches Leben (Rituelle Waschung, Beten, Fasten, und ähnliche Gebote)
>
> - Kennenlernen des Lebens des Propheten
>
> - Stärkung des Glaubens und der Gottesliebe
>
> - Respektieren anderer Religionen und anderer Propheten"[102]

Ein hochrangiger Beamter eines türkischen Konsulats in Deutschland argumentierte während einer Diskussion, dass mit der Einführung des islamischen Religionsunterrichts man die Jugend entgültig von den Heimatländern abkoppeln wolle. Entgegen der Intention derer, die den islamischen Religionsunterricht fordern fragt sich, ob diese Person mit seiner Behauptung zu kurz, leichtfertig oder sogar weit über die Wirkung der Einführung hinaus denkt. Berücksichtigt man den Willen des Kultusministeriums, das den islamischen Religionsunterricht selbstverständlicherweise parallel zum evangelischen bzw. zum katholischen Religionsunterrichts anbieten möchte, kristallisiert sich eine Veränderung für den muttersprachlichen Unterricht heraus. Er wird zunächst vom Vormittag entfernt und letztlich, durch die Verbreitung der Einführung von Ganztagsschulen, von den Schulen überhaupt.

> „Ministerpräsident Günther H. Oettinger und Kultusminister Helmut Rau bewerten am Dienstag (25. Oktober 2005) in Stuttgart die Einigung als „Meilenstein zu einem bedarfsgerechten Ausbau der Ganztagesschulen". Oettinger: „Die Landesregierung hält Wort. Auch in finanziell schwierigen Zeiten setzen wir einen klaren Schwerpunkt auf Bildung und Betreuung. Ganztagesschulen können einen wichtigen Beitrag leisten, um die Förderung und Betreuung von Kindern und Jugendlichen zu verbessern.""[103]

Dadurch würde die Bindung zu den Heimatländern, die sprachliche sowie kulturelle Förderung durch die Beamten der Heimatländer abgekoppelt. Zunehmend würde eine größere Distanz zwischen dem Volk der Heimat und den ausgewanderten Migranten entstehen. Die Erhaltung einer nationalen Identität würde zunehmend schwieriger. Die Migranten würden nicht nur "eingedeutscht", sondern erhielten eine kontrollierte islamische Identität auf Kosten der nationalen Identität.

---

102 Ebd., S.16f.

103 Programm „Chance durch Bildung - Investitionsoffensive Ganztagsschule" beschlossen. Land und Kommunen investieren eine Milliarde Euro in Ganztagsschulen (25.10.2005): URL: http://www.fdp-bw.de/pressenum.php3?num=1241 [Stand 22.11.2005].

Das Interesse der Heimatländer an den Migranten ist hierin sehr deutlich. Sie sind nicht nur gegen eine assimilierte Integration. Die Herkunftsländer haben im Weiteren das Interesse am Bestehenbleiben des Kontakts zu den ausgewanderten, zum Teil schon ehemaligen Staatsbürgern.

> „Das Verbindende eines Volkes ist die Nation nicht die Religion. Sonst würden Araber und Türken sich gleichen und es gäbe kein Unterschied mehr zu deutschen Muslimen."[104]

Diese Aussage ist angesichts des türkischen Hintergrundes des Beamten und der Tatsache, dass die Türkei ein Vielvölkerstaat ist, wobei die Türken die Mehrheit darstellen, nachvollziehbar. Speziell bei der türkischen Bevölkerung ist die gemeinsame Eigenschaft, was alle Bürger zu Türken macht, ihre Nationalität. An dieser Stelle sei an ein Zitat Atatürks (Gründer der türkischen Republik) erinnert.

> „Ne mutlu türküm diyene." [Man soll froh sein, über denjenigen, der von sich sagt, er sei ein Türke.]

Eine Antwort zu den Befürchtungen der Konsulate ist:

> „Verwirrung in der Diskussion um isl. [sic] RU [sic] bringt immer wieder die Vermengung mit muttersprachlichem Unterricht. Isl. [sic] RU [sic] tangiert in keiner Weise den konsularischen muttersprachlichen Unterricht. Dort soll zwar wie behauptet ebenfalls religiöse Unterweisung stattfinden. Und man argumentiert, man bräuchte deshalb keinen isl. [sic] RU. [sic] Von Inhalt und Lehrstoff bestehen jedoch ganz andere Zielsetzungen. Diese liegen beim Muttersprachenunterricht in der Sprachvermittlung, der Landeskunde sowie der Vermittlung von nationaler Kultur und Verbundenheit. Dagegen findet im Religionsunterricht die bekenntnisgebundene Vermittlung und Lehre von Religion und Glaube statt.
>
> Die Lehrerqualifikation ist ebenfalls eine ganz andere wie auch der Status der Fächer.
>
> Religionsunterricht als versetzungserhebliches Lehrfach ist rechtlich verankert, nicht wie der freiwillige konsularische Muttersprachenunterricht.
>
> Die Etablierung eines isl. [sic] RU [sic] als ordentliches versetzungsrelevantes Lehrfach ist ein Status, der die Akzeptanz der islamischen Religion allgemein in der hiesigen Gesellschaft anheben wird, und der für das harmonische Miteinander, für das gegenseitige Verständnis stehen wird.

---

104 Debatte mit einem hochrangigen Beamten eines türkischen Konsulats in Deutschland zur Einführung des islamischen Religionsunterrichts in Baden-Württemberg: 2005.

Islam - akzeptiert in der Gesellschaft - ist es dieser Gedanke, den besagte Kreise nicht ertragen können?

Zum anderen: zwei Unterrichtstunden in der Woche mehr an qualifiziertem Angebot und Unterricht. Wem schadet das? Keinesfalls den Kindern."[105]

4.4 Islam im Regelunterricht der allgemeinbildenden Schulen am Beispiel der Einführung in Baden-Württemberg

Viele muslimische Jugendliche gleichen sich im Denken und Verhalten zunehmend ihren gleichaltrigen Altersgenossen an, damit ergeben sich Probleme zwischen ihnen und ihren Eltern. Ihre Eltern wollen selbstverständlich ihre Lebensweise und ihre Religion ihren Kindern weitergeben. Dort wo sie spüren, dass die Kinder sich von ihrer Kultur und von ihrer Religion entfernen, spüren sie Verlustängste.[106] Dies bringt auch ein Gefühl des Versagens der Eltern mit sich. Sie erkennen, dass für den Erhalt der Kultur, der Sprache, der Religion ihre Möglichkeiten begrenzt und bisweilen auch ungenügend sind.

Wie die Gastarbeiter dafür Sorge getragen haben, dass für ihre Kinder der freiwillige muttersprachliche Ergänzungsunterricht eingeführt wurde, um die Sprache, die kulturelle Bindung und die Reintegrationsmöglichkeit ihrer Kinder aufrechtzuerhalten, so tragen ihre Nachkommen die Verantwortung für den langfristigen Erhalt ihrer Religion und fordern die Einführung des islamischen Religionsunterrichts an den öffentlichen Schulen. Aufgrund des föderalen Schulsystems, der unterschiedlichen Landesgesetze und Landesverfassungen sowie der unterschiedlichen Initiativen der muslimischen Mitbürger, des fehlenden Ansprechpartners (im Sinne der Kirchen) für den Staat, des Fehlens eines allgemeingültigen Lehrplans und einer in der Bundesrepublik Deutschland anerkannten Ausbildung der Lehrer für den islamischen Religionsunterricht, reichen die Stufen der Einführung des islamischen Religionsunterrichts im Jahr 2005 von der Prüfung der Vereinbarkeit mit den Gesetzen der Bundesrepublik Deutschland bis hin zu einer über zehnjährigen Erfahrung der Umsetzung des islamischen Religionsunterrichts in bereits eingeführten Bundesländern.

---

105 Islamischer Religionsunterricht: Stand der Diskussion zur Einführung an den Schulen in Baden-Württemberg. URL: http://www.transparenz.nl/einfru.htm [Stand 22.11.2005].

106 Lutherisches Kirchenamt der Vereinigten Evangelisch-Lutherischen Kirche Deutschlands und das Kirchenamt der Evangelischen Kirche in Deutschland (Hrsg.) (2001): Was jeder vom Islam wissen muß. Gütersloher Verlagshaus GmbH, Gütersloh, 6., Überarbeitete Auflage, 1990, S.128-130.

4.4.1 Die Forderung, die Hintergründe und ihre Hürden.

Die Präsenz der über 80.000 muslimischen Kinder und Jugendlichen in den öffentlichen Bildungseinrichtungen Baden-Württembergs zeigen das Ergebnis vergangener Entwicklungen der Gastarbeiterpolitik. Längst ist erkannt, dass die bewusste religiöse Erziehung zu einer islamischen Identität Vorteile hat. Die Muslime öffnen sich der Zuwendung zu der nicht-islamischen Umwelt, wobei sich ihre Kommunikation zu Gunsten einer „gesunden Offenheit" erweitert. Durch ihren religiösen Wissenserwerb werden sie in ihrer religiösen Identität gestärkt und sind gegenüber negativen Einflüssen, aber vor Allem dem Missbrauch durch unqualifizierte Organisationen, für das Individuum und für die Gesellschaft widerstandsfähig. So ist die Einführung des islamischen Religionsunterrichtes für eine friedliche Sozialisation der Muslime, politisch zwingend, denn die Eltern und die bestehenden Immigrationsorganisationen können allein diesen Bedarf nicht decken. Die Eltern befinden sich mit ihrer eigenen mangelnden Bildung, oft in einer schwierigen sozialen und wirtschaftlichen Lage. Sie sind überfordert und verunsichert. Mit der Einführung des islamischen Religionsunterrichtes entsteht eine qualifizierte religiöse Bildung und Erziehung, die pädagogisch und politisch Anerkennung finden kann.[107]

Müller bestätigt auch, dass das Wissen um die wesentlichen und unverzichtbaren Elemente der eigenen Religion und die Mitteilungsfähigkeit dieser Inhalte, eine Bedingung des interreligiösen Dialogs sind. In Anlehnung an die veränderte religiöse Landschaft in der Bundesrepublik Deutschland wird die Notwendigkeit der Dialogfähigkeit (als Voraussetzung und Ziel des Religionsunterrichts) zur Legitimation für die Einführung des islamischen Religionsunterrichtes.[108]

Die Argumente der Gegner der Einführung des islamischen Religionsunterrichtes, nennt Aslan in seinem Beitrag:

- Es würde der islamischen Religionsgemeinschaft eine repräsentative Vertretung fehlen, mit dem der Staat verhandeln könne.
- Lehrpläne würden nicht existieren, die den Grundsätzen des Islams sowie den Grundsätzen des Grundgesetzes entsprechen.
- Die Lehrer müssten fachlich und pädagogisch dafür ausgebildet werden.

107 Adnan Aslan: Islamischer Religionsunterricht in Baden-Württemberg als wissenschaftliches Projekt. In: Urs Baumann (Hrsg.) (2002): Islamischer Religionsunterricht. Grundlagen, Begründungen, Berichte, Projekte, Dokumentationen. Verlag Otto Lembeck, Frankfurt am Main, 2001, 2.Auflage, S.242-244.

108 Unveröffentlichter Aufsatz von Peter Müller (2005): Probleme bei der Entwicklung eines Curriculums Islamischer Religionsunterricht.

- Die staatliche Schulaufsicht wäre auch für den islamischen Religionsunterricht bindend.
- Es sei noch ungeklärt, ob der islamische Religionsunterricht in den öffentlichen Schulen mit dem Religionsverständnis des Grundgesetzes und dem Ganzheitsverständnis des Islams vereinbar wäre.[109]

Diese Hindernisse können durch die Unterstützung von Staat und Politik, Initiativen und Projekten von Einzelpersonen und Organisationen bewältigt werden. Sie sind keinesfalls langfristig standhaft, wie von Aslan argumentiert wurde und in der weiteren Entwicklung des Projekts in Baden-Württemberg gezeigt wird.

> „Der Staat könnte durch verschiedene Maßnahmen die Muslime fördern, um die rechtlichen Voraussetzungen für die Erteilung eines islamischen Religionsunterrichts an öffentlichen Schulen zu schaffen."[110]

> „Ein Projekt mit wissenschaftlicher Begleitung kann für die Verwirklichung solcher Voraussetzungen, insbesondere im Blick auf die Lehrerqualifikation, Lehrplanerstellung, Organisation und Durchführung von islamischem Religionsunterricht an öffentlichen Schulen, einen wichtigen Beitrag leisten, der auf die generelle Einführung des islamischen Religionsunterrichts abzielt."[111]

4.4.2 Die Lehrerauswahl und die Lehrerausbildung.

Die Frage nach Lehrern für den islamischen Religionsunterrichts wirft die Frage nach ihrer Qualifizierung und infolgedessen auch die Frage nach den Ausbildungsmöglichkeiten für diese Lehrer auf.

Bereits vorhandene Kapazitäten sollen hier genutzt werden. Lehrer muslimischen Glaubens, die bereits im Staatsdienst tätig sind, werden für den Einsatz in Betracht gezogen und sollen dafür eine entsprechende Ausbildung erhalten. Diese Lehrer dürfen diesen Unterricht aufgrund einer freiwilligen Entscheidung erteilen. Sie müssen jedoch das Einverständnis der Eltern, des Kollegiums und der Schulleitung haben. Ihre Akzeptanz ist wichtig für die Bereitschaft der Eltern, ihre Kinder gegebenenfalls in den islamischen Religionsunterrichts zu schicken.[112]

---

[109] Aslan 2002, S.244.

[110] Ebd., S.244.

[111] Ebd., S.245.

[112] Telefongespräch mit Herrn Bernd Christian Schneider (29.04.2005): Ministerium für Kultus, Jugend und Sport. Religionsangelegenheit und Staatskirchenrecht.

> „Auf muttersprachliche Fachkräfte kann nicht zurückgegriffen werden, da diese Lehrer/innen beim Konsulat angestellt sind und oft nicht gut genug Deutsch sprechen."[113]

Die Frage nach der politischen Loyalität gegenüber ihren Heimatländern stellt ein weiteres Problemfeld dar. Auch vertreten die muttersprachlichen Fachkräfte immer noch die Situation der Gastarbeiter, die der Situation muslimischer Schüler nicht entspricht.[114] Eine an die Vorfahren angepasste Unterrichtssituation wäre kontraproduktiv.

Produktiv ist die Entscheidung zur Erteilung des islamischen Religionsunterrichts in deutscher Sprache.[115]

> „[...] denn religiöse Sprach- und Ausdrucksfähigkeit bezieht sich [...] auf die Fähigkeit, sich in der eigenen Lebenswelt und mit eigenen Worten verständlich machen zu können."[116]

Noch gibt es in Baden-Württemberg keine Lehrer, die für den islamischen Religionsunterricht an den öffentlichen Schulen qualifiziert wären. Hierzu müssen noch Voraussetzungen geschaffen werden.

> „Die Verantwortung für die Lehrerausbildung liegt beim Wissenschaftsministerium, das bisher eine islamische Fakultät abgelehnt hat. Die Grünen fordern einen Lehrstuhl für islamische Theologie und Religionspädagogik an einer Hochschule in Baden-Württemberg."[117]

Klärungsbedarf gibt es auch im Bereich der Besetzung des Personals, die die Fortbildungsmaßnahmen für die Lehrer des islamischen Religionsunterrichts an öffentlichen Schulen durchführen würden.

> Während in der folgenden Pressemitteilung des Kultusministeriums von einer „Mitarbeit" von externen Experten mit muslimischem Hintergrund gesprochen wird, merkt Lichtenthäler an, dass die Fortbildungsmaßnahmen durch eine „profilierte Persönlichkeit muslimischen Glaubens mit entsprechendem Hintergrund (islamische Religionspädagogik/Theologie)" zentral durchgeführt werden wird. Sicher ist, dass die Fortbildungsmaßnahmen im Frühjahr 2006 beginnen sollen.[118]

---

113 Islamischer Religionsunterricht: http://www.gew-bw.de/Islamischer_Religions unterricht.html [Stand 22.11.2005].

114 Müller 2002, S.170.

115 Pressemitteilung des Ministeriums für Kultus, Jugend und Sport von Baden-Württemberg vom 15.März 2005: E-mail der Pressestelle: vom 29.04.2005.

116 Müller 2005: unveröffentlichter Aufsatz.

117 Islamischer Religionsunterricht: http://www.gew-bw.de/Islamischer_Religions unterricht.html [Stand 22.11.2005].

118 Antwortschreiben der Ministerialrätin Barbara Lichtenthäler: 21.06.2005.

„Die Qualifizierung der Lehrkräfte wird von den Pädagogischen Hochschulen Karlsruhe und Ludwigsburg übernommen. Dabei geht es unter anderem um religionsdidaktische Grundfragen, Kernaussagen des Koran sowie einzelne Lehrplaneinheiten. Bei der Fortbildung arbeiten externe Experten mit muslimischem Hintergrund mit. Für die Qualifizierung kommen unter anderem Lehrkräfte muslimischen Glaubens in Frage, die bereits im staatlichen Schuldienst tätig sind. Einige Schulen haben schon Interesse an der Teilnahme an Modellversuchen angemeldet. Dort sind zum Teil auch entsprechende Lehrkräfte vorhanden, die nach der Zusatzqualifizierung einsetzbar wären. Für die Phase der Modellversuche ist die modulare Fortbildung angemessen. Eine grundständige fachpädagogische und fachdidaktische Ausbildung wird die Kultusministerin auch in der Kultusministerkonferenz thematisieren."[119]

4.4.3 Zu den Rahmenbedingungen der Lehrplanerstellung und ihren Schwierigkeiten

Die auf Initiative der Kultusministerin Schavan 2001 eingerichtete Steuerungsgruppe hatte die Aufgabe, Lehrpläne für einen bekenntnisorientierten islamischen Religionsunterricht zu erstellen und sich mit dem Bereich qualifizierter Lehrkräfte zur Erteilung des Unterrichts auseinander zusetzen. Die Mitglieder der Steuerungsgruppe waren die damaligen fünf Antragssteller, ein Pädagoge und Religionspädagoge der Pädagogischen Hochschule Karlsruhe und Ludwigsburg. Die Pädagogen der jeweiligen Hochschulen hatten die Aufgabe die Arbeit der Steuerungsgruppe zu moderieren. Die von dieser Steuerungsgruppe eigenständig erarbeiteten Lehrpläne für den Unterricht in den Klassen eins bis vier, wurden Anfang März 2005 im Kultusministerium vorgestellt und sind Grundlage für die Einleitung der Einführung des islamischen Religionsunterrichts.[120]

„Ministerpräsident Erwin Teufel und Kultusministerin Dr. Annette Schavan erklärten:

„Nach einer sorgfältigen Vorbereitung und unter Berücksichtigung aller rechtlichen, religions- und gesellschaftspolitischen Aspekte haben wir in Baden-Württemberg nun die solide Grundlage für einen islamischen Religionsunterricht geschaffen. Damit wird ein wesentlicher Beitrag zur Integration und gegen das drohende Anwachsen von Parallelgesellschaften geleistet."

119 Pressemitteilung des Ministeriums für Kultus, Jugend und Sport von Baden-Württemberg vom 15.März 2005: E-mail der Pressestelle: vom 29.04.2005.

120 Ebd. 29.04.2005.

> Mit dem islamischen Religionsunterricht wird ein wichtiges Signal für die muslimischen Bürgerinnen und Bürger gesetzt: ‚Sie können gewiss sein, dass ihre Kinder in den Schulen nicht ihrer Religion und Tradition entfremdet werden, sondern Hilfe bekommen, ihren Glauben nach eigenem Selbstverständnis zu erfahren und sich anzueignen', so Kultusministerin Schavan. ‚Mit der Vermittlung von religiöser Orientierung und Identität auch in der Schule werden frühzeitig Weichen gestellt, anderen Glaubensüberzeugungen und Traditionen mit Respekt und Toleranz zu begegnen.' "[121]

In Abhängigkeit dazu steht für den islamischen Religionsunterricht in Baden-Württemberg fest, das er gemäß dem konfessionellen christlichen Religionsunterricht, bekenntnisgebunden sein wird.

> „Schavan bekräftigte, dass eine ‚islamkundliche Unterweisung' statt eines Religionsunterrichts der falsche Weg sei. Die Kultusministerin sieht sich dabei auch durch die Entscheidung des Bundesverwaltungsgerichts vom Februar diesen Jahres zum islamischen Religionsunterricht bestätigt. ‚Halbherzige Lösungen wie Islamkunde werden von den jeweiligen Antragstellern wie auch von den Eltern zurecht nicht akzeptiert, da ein Anspruch auf regulären Religionsunterricht besteht. Mit der jetzigen Lösung wird auf Basis der Verfassung der bekenntnisgebundene Religionsunterricht insgesamt gestärkt.' "[122]

Die Probleme, die sich bei der Entwicklung eines Curriculums für den islamischen Religionsunterricht ergeben, betrachtet Müller aus vier Perspektiven. Nämlich:

- „nach der Bedeutung des Religionsunterrichts in der öffentlichen Schule
- nach der Bedeutung des Islams in der gegenwärtigen bundesrepublikanischen Gesellschaft
- nach der Bedeutung von Lehren und Lernen im Islam
- nach der Konkretisierung grundlegender religiöser Auffassungen des Islam in Bildungsplänen."[123]

Der Religionsunterricht in der öffentlichen Schule bietet nach Müller „Formen von Lebens- und Weltdeutung an, die über Einzelbereiche der Lebensgestaltung hinausgehen". Er ermöglicht „die Auseinandersetzung mit Grundfragen menschlicher Existenz". Die Schule ist der Ort, in dem Kinder und Jugendliche unterschiedlicher religiöser Prägung aufeinandertreffen, wie in keinem anderen gesellschaftlichen Bereich. Die Schule

---

121 Pressemitteilung des Ministeriums für Kultus, Jugend und Sport von Baden-Württemberg vom 15.März 2005: E-mail der Pressestelle: vom 29.04.2005.

122 Ebd. 29.04.2005.

123 Müller 2005: unveröffentlichter Aufsatz, S.1.

eignet sich aus diesem Grund besonders für die Auseinandersetzung mit religiösen Fragen und den Dialog. Müller bezeichnet die religionspädagogische Bedeutung vom „Zusammenhang von religiöser Tradition und gegenwärtiger Lebenswirklichkeit von Schülerinnen und Schülern" als zentral.

> „Wird die Tradition nicht hinreichend wahrgenommen, schwindet die religiöse Legitimation, wird die Lebenswirklichkeit nicht genügend wahrgenommen, schwinden die gegenwärtige Akzeptanz und die zukünftige Bedeutung religiöser Aussagen."[124]

Die Kommunikation über die eigene Gruppenzugehörigkeit hinaus, ist die Basis für den Dialog, daher muss sich die religiöse „eher ahnende und metaphorische" Sprache, um die Verständlichkeit bemühen. Der Religionsunterricht hat hier die Aufgabe „die religiöse Sprach-, Ausdrucks- und Kommunikationsfähigkeit" zu fördern und die Schüler dazu anzuleiten. Durch die Auseinansetzung mit eigener und religiöser Tradition im Unterricht wird für Müller das Verstehen der eigenen Gegenwart und Zukunft gewährleistet. In Anlehnung an Friedrich Schweitzer schreibt Müller von der Verbindung der „religiösen Entwicklung" mit der „Entwicklung des kindlichen Weltbildes" und betont die „Unmittelbarkeit" für die Persönlichkeitsentwicklung und die „Selbstwerdung" des Kindes. Auch die religiöse Verwurzelung in Familie und Moschee, aufgrund religiöser und nationaler Prägung, sind nicht gleich und können nicht vorausgesetzt werden. Die Geltung des Religionsunterrichts für Kinder und Jugendliche ist also nach ihrer speziellen Situation in einer säkularen Gesellschaft zu benennen.[125]

Müller beschreibt den Religionsunterricht aus dem allgemeinbildenden Bildungsauftrag der öffentlichen Schule heraus, als einen „eigenständigen und unaufgebbaren Teil der Allgemeinbildung".[126]

Aus den oben angeführten Fakten ergibt sich die Bedeutung des Religionsunterrichts in der öffentlichen Schule als unverzichtbar. Um den islamischen Religionsunterricht einzuführen, ist jedoch auch die Bedeutung des Islam in der Gesellschaft wesentlich.

Ausgegangen wird hierbei von der Tatsache, dass die Muslime ein Teil der Gesellschaft geworden sind und dass das Bild der Menschen geprägt ist von verschiedenen Ereignissen. Diese Ereignisse angeführt als Ursache von einem bestehenden „Generalverdacht" gegenüber Muslimen. Die religionsgeschichtliche Entwicklung vom Christentum und vom Islam stehen sich nicht immer förderlich gegenüber. Missionierungsver-

---

[124] Ebd., S.3.

[125] Müller 2005: unveröffentlichter Aufsatz, S.2-5.

[126] Ebd., S.2.

suche, Unterdrückung und Ausbeutung sind noch mit Gefühlen der Über- und Unterlegenheit, Unvollkommenheit verbunden. Nicht nur die Selbst- und Fremdwahrnehmung der Religionen, die Vorurteile sowie die Urteile sind hier von religionspädagogischer Bedeutung, sondern auch der Zusammenhang von Religion, Toleranz, Politik und Gewalt. Der Islam zeigt sich des Weiteren in verschiedenen gesellschaftlichen und kulturellen Umgebungen als eine „vielgestaltige Religionsgemeinschaft“ mit unterschiedlicher Ausprägung.[127]

Die bundesrepublikanische Gesellschaft muss also beachten:

> „Weder jede Dekoration in der Vorweihnachtszeit noch jedes Kopftuch weisen auf eine intensive religiöse Bindung hin.“[128]

Aus diesem Grund sind wesentliche Elemente der Religionen durch den Dialog in der Gesellschaft zu klären.

Lehren und lernen sind grundsätzlich. Ihre Bedeutung im Islam skizziert Müller:[129]

- mit einer Feststellung, dass wesentliche Erkenntnisse aus Mathematik, Astronomie, Geographie und Medizin auf muslimische Gelehrte des Mittelalters zurückzuführen sind,
- mit Bezug auf ein Hadith ´die Suche nach Wissen ist für alle Moslems Pflicht´, die „die wissenschaftliche Arbeit religiös legitimiert“.

Zum Lehren und lernen wurden im Islam in der langen Zeit der islamischen Geschichte verschiedene Bildungsstätten eingerichtet. Diese von Müller aufgeführten Einrichtungen sind: die Moscheen mit ihren Bibliotheken, die Koranschulen (in denen Grammatik und Schrift der arabischen Sprache und das Koranlesen beigebracht werden), die sogenannten ´Häuser der Wahrheit´ („Universitäten“ aus der Hochzeit der islamischen Philosophie mit den Fachrichtungen Theologie, Philosophie, Natur- und Humanwissenschaften), die Medressen (theologisch-juristische Kollegien).

Im Lehren und Lernen zeigt sich das Verhältnis zwischen eigenständigem Denken und vorgegebener Glaubensnorm sowie das Verhältnis der Abhängigkeit des Menschen von Gott und der Eigenverantwortung des Menschen im Bildungsprozess. Ein dabei entstehender fundamentaler Konflikt der islamischen Geistesgeschichte ist die Gewichtung vom menschlichen Intellekt gegenüber dem von Gott offenbartem unveränderlichen Wissen und deren reglementierten Interpretation.[130]

---

127 Ebd., S.5-9.

128 Ebd., S.9.

129 Müller 2005: unveröffentlichter Aufsatz, S.9-15.

130 Ebd., S.9-15.

> „Während die europäische Aufklärung einen Prozess der Automatisierung des Menschen in Gang setzte, die in der Folge die Entstehung der empirischen Wissenschaften förderte, versteht der Islam tendenziell die empirischen Wissenschaften als Versuch, die Geheimnisse Gottes zu erforschen und zu beschreiben."[131]

Bei der Konkretisierung grundlegender religiöser Auffassungen des Islam in Bildungsplänen sind diese und weitere unten aufgeführten Faktoren in Anlehnung an Müller zu berücksichtigen.[132]

Der Bildungsauftrag der Schule legt, in einer Gesellschaft, in der Staatsorgane und öffentliche Institutionen religiös neutral bleiben müssen, den Rahmen des Religionsunterrichts fest. In der öffentlichen Schule ist beim islamischen Religionsunterricht zu gewährleisten, dass er seine religiöse Stellung so einnimmt, dass er dem verfassungsrechtlichen Ziel der allgemeinen Bildung entspricht. Der Islam, der ein religiöses, ein politisches und ein rechtsetzendes System darstellt, hat hier die Aufgabe, sich im Rahmen des Grundgesetzes und der von ihr bestimmten Freiheiten und Pflichten zu bewegen.

Eine weitere Basis des Religionsunterrichts in der öffentlichen Schule ist die Dialogbereitschaft in verschiedene Richtungen. Müller spricht hier nicht nur vom interreligiösen Dialog. Der Dialog zwischen der Religionsgemeinschaft und dem Staat, der Dialog mit anderen Fächern (z.B. im musisch-ästhetischen Bereich, Deutsch, Naturwissenschaften) und besonders der Dialog in der Fächergruppe Religion-Ethik-Philosophie werden betont. Ziele des Dialoges sind die Fähigkeit sich Verständlich machen zu können, das Wissen um Elemente der eigenen Religion und die Fähigkeit diese mitteilen zu können.

4.4.4 Zu der Organisation und Durchführung des islamischen Religionsunterrichts

Das Pilotprojekt wird mit Beginn des Schuljahres 2006/2007 an bis zu zwölf Standorten eingeführt. Die Auswahl der Schulen erfolgt danach, ob ein Unterricht an diesen Modellstandorten zweckmäßig und sinnvoll ist. Die Zweckmäßigkeit wird von verschiedenen Kriterien bestimmt. Die Grundvoraussetzung ist, das es eine Mehrheit von muslimischen Schülern an diesen Schulen gibt und zugleich genügend Eltern ihre Kinder für den islamischen Religionsunterricht anmelden. Für eine Einführung ist aber nicht nur die Akzeptanz des Projekts von Seiten der Schüler und

[131] Ebd., S.15.

[132] Ebd., S.15-18.

Eltern notwendig, sondern auch die Akzeptanz von der Schulleitung und vom Kollegium.[133]

Nach der Einführung des islamischen Religionsunterrichts wird zur:

> „[...] Begleitung des weiteren Vorgehens [...] ein "Dialogforum" eingerichtet, dem Experten aus Pädagogik, Religionspädagogik und Theologie mit muslimischem und christlichen Hintergrund angehören werden."[134]

Durch die begleitete Einführung und Umsetzung des islamischen Religionsunterrichts erhalten die Schulen und die Lehrer eine fundierte Unterstützung. Vereint mit der Akzeptanz der Eltern und der Schüler ist der Rückhalt gesichert und gibt Hoffnung für die langfristige Erhaltung des islamischen Religionsunterrichts an den eingeführten Standorten über den Abschluss des Projekts hinaus.

4.4.5 Die Perspektiven für die Zukunft

Gleichwohl wird bei Abschluss des Projekts über eine Ausbreitung oder eine Abschaffung entschieden. Bei der momentanen Gestaltungsweise und der geringen Verbreitung der Information über die Möglichkeiten und Prämissen der Einführung des islamischen Religionsunterrichts in der breiten muslimischen Bevölkerung, entsteht aber auch sporadisch der Eindruck, dass das Pilotprojekt nicht erweitert werden soll. Nur wenige Eltern sind derzeit über das Pilotprojekt und die damit für ihre Kinder entstandene Chance und die Konsequenz ihres (möglicherweise mangelnden) Einsatzes, der Abschaffung vor einer Einführung und Erprobung des Religionsunterrichts, informiert. Entscheidet sich das Schulkollegium dagegen, gehen wenige Eltern den nächsten Schritt und stellen den Antrag auf Einführung. Die Konfrontation soll vermieden werden, um nicht die schulische Laufbahn ihrer Kinder zu gefährden. Insofern stehen eine Vielzahl von Eltern passiv zwischen Befürchtungen und Befürwortungen und stützen ungewollt die gelegentlich deutsche, politische Argumentation, dass die Muslime selbst kein Interesse an einer Einführung des islamischen Religionsunterrichts hätten. Dieses Argument verursachte neben anderen die langjährige Verzögerung der Einführung des islamischen Religionsunterrichts auf das Jahr 2006 in Baden-Württemberg.

Die türkischen Konsulate bevorzugen die religiöse Unterweisung der Kinder im muttersprachlichen Ergänzungsunterricht. Sie befürchten eine

---

133 Antwortschreiben der Ministerialrätin Barbara Lichtenthäler: 21.06.2005.

134 Pressemitteilung des Ministeriums für Kultus, Jugend und Sport von Baden-Württemberg vom 15.März 2005: E-mail der Pressestelle: vom 29.04.2005.

schrittweise Abschaffungsstrategie auf deutscher Seite.[135] Mit diesen Bedenken stehen die Konsulate nicht alleine da. Auch die Eltern sind überwiegend gegen eine Abschaffung des muttersprachlichen Ergänzungsunterrichts. Sie wollen die Erhaltung der Förderung der Muttersprache. Die Förderung der Muttersprache durch die öffentlichen Schulen ist kaum gewährleistet. Diese legitimen Bedenken der Eltern sollten jedoch andere Faktoren mit berücksichtigen.

Es gibt sehr viele muslimische Kinder, die trotz dieses bewährten Angebots der Konsulate den muttersprachlichen Ergänzungsunterricht nicht besuchen. Die Gründe können verschiedentlich im Unwissen der Eltern über die Bedeutung dieser gezielten Förderung durch den muttersprachlichen Ergänzungsunterricht, in der Organisationsstruktur, in der Vielfalt der ethnischen- und religiösen Zugehörigkeiten der Türken, sowie in politischen Vorstellungen, die mit dem Kemalismus und der Staatsstruktur der Türkei unvereinbar sind, als auch im Erscheinungsbild der abgeschlossenen Assimilation liegen.[136]

Weit gewichtiger für die Einführung des islamischen Religionsunterrichts ist das Argument der muslimischen Kinder, die keine konsularische Unterstützung finden, keinen ergänzenden Unterricht haben, keine Türken sind und trotzdem ihr Interesse an einer religiösen Bildung bekunden.

Eine Entwicklung in diesem Bereich hat eine sehr sensible Basis und wurde durch Egoismus sporadisch verhindert. Angst um das friedliche Zusammenleben, vor der Entstehung von Parallelgesellschaften, vor Extremismus verhindern Entwicklungen, positive Gedankengänge. Angst und Egoismus sind nicht immer richtige Beweggründe. Dagegen ist der Konsens, die sie in Zusammenarbeit finden, die Chance der breiten Bevölkerung für ein friedliches Zusammenleben. Die Initiative derer, die einen starken Willen in dieser Angelegenheit hatten, hat sich in konstruktivem Einsatz durchgesetzt. Der islamische Religionsunterricht wird auch in Baden-Württemberg eingeführt.

Dabei geht es um die Ausbildung einer persönlichen religiösen Identität, um die Wahrung der inneren Ausgeglichenheit, um den Frieden der Seelen der Menschen.

Der Friede wird geboren im Herz der Menschen, entwickelt sich in Gedanken, verfestigt sich in Umsetzungen und wird gesichert im Dialog. Der interkulturelle und interreligiöse Dialog müssen auf der Basis der Anerkennung der Vielfalt, der Erhaltung gemeinsamer Werte und des

---

135 Lehrer des muttersprachlichen Ergänzungsunterrichts.

136 Hasiybe Yölek (2000): Die Förderung der Muttersprache von Immigranten. Am Beispiel türkischer Nachmittagsschulen. Tectum Verlag, Marburg, S.76-78.

gegenseitigen Respekts gestaltet werden. Dies ist in einer pluralen Gesellschaft nur möglich, wenn frühzeitig die Menschen für das Leben in einer Vielfalt vorbereitet werden. Dieses Leben erfordert die Fähigkeiten, die von Kindesbeinen an erprobt werden müssen. Argumentieren und den eigenen Standpunkt klären sind Fähigkeiten, die durch Wissenserwerb ermöglicht werden. Für Eltern mit geringer Bildung, wie sie die meisten Kinder mit Migrationshintergrund haben, ist dies schwer möglich und vermittelbar.

5 Grundlagen zur Glaubenssicherung

Um in einem Staat die Erhaltung des Glaubens zu sichern und die Religionsfreiheit zu gewährleisten, sind von ihm einige Grundlagen zu schaffen und in den Gesetzen zu manifestieren.

Im Zusammenhang mit der Einführung des islamischen Religionsunterrichts werden hierzu die rechtlichen Voraussetzungen aufgezeigt und diskutiert.

Die Gesellschaftsform, in der die Menschen leben, und die Religion an die die Menschen glauben, bieten Möglichkeiten und Einschränkungen in der Ausübung und der Wahl der Religion. Wie es hierbei um die religiöse Bildung in einer säkularen Gesellschaft wie die der Bundesrepublik Deutschland aussieht, wird näher betrachtet. Die Betrachtungsergebnisse beziehen sich auf Berichte und Interviews von Betroffenen aus gemischt-religiösen Partnerschaften und Konvertiten.

Zur Glaubenssicherung finden die aufschlussreichen Menschrechtserklärungen im Islam ihren abschließenden Platz in diesem Kapitel:

- Die allgemeine Erklärung der Menschenrechte von 1981
- Die Kairoer Erklärung der Menschrechte von 1990
- Die Religionsfreiheit

Die Religionsfreiheit im Konflikt zwischen der weltlichen und der göttlichen Gesetzgebung, findet ihre hervorgehobene Betrachtung.

5.1 Rechtliche Grundlagen zum islamischen Religionsunterricht

> „Es gibt seit 260 Jahren eine muslimische Minderheit in diesem Lande, deren Anwesenheit die Mehrheit nie zur Kenntnis nahm – wie übrigens manche andere Minderheiten auch nicht. Seitdem sie jedoch ob ihrer Zahl nicht mehr zu übersehen ist, hier lebt, arbeitet, investiert, Arbeitsplätze schafft, Steuern zahlt, verlangt sie auch ihre mitbürgerliche Anerkennung, indem ihr die eigenständige Sicherung des Glaubens zugestanden wird."[137]

In dem Zitat von Aries wird die Forderung der sich in der Bundesrepublik Deutschland etablierten muslimischen Minderheit sich vollständig zu integrieren deutlich. Die Prämisse einer vollständigen Integration ist die religiöse, soziale, kulturelle Anerkennung der Muslime durch die

137 Wolf D. Aries: „Warum islamischer Religionsunterricht in Deutschland?". In: Jürgen, Heumann (Hrsg.) (1999): „Religion, Ethik, Philosophie in der multireligiösen Schule. Auf dem Weg zu Dialog und Integration.". Zentrum für pädagogische Berufspraxis. Universität Oldenburg, S.118.

Gesellschaft und der Politik. Die Bedeutung des Glaubens für die Menschen ist längst bekannt und manifestiert durch die Sicherung der Religions- und Bekenntnisfreiheit in den verschiedenen Gesetzesgrundlagen der Bundesrepublik Deutschland. Von diesen Rechten erhebt auch die muslimische Minderheit als eine zunehmende Gruppe deutscher Mitbürger mit und ohne Migrationshintergrund ihren Anspruch auf islamischen Religionsunterricht an deutschen Schulen.

> „In Baden-Württemberg leben derzeit rund 500.000 Muslime, darunter rund 200.000 Deutsche. In den allgemein bildenden Schulen werden rund 70.000 muslimische Schülerinnen und Schüler unterrichtet."[138]

Die Religionsfreiheit wird auch über die Grenzen der Bundesrepublik Deutschland hinaus eindeutig festgelegt. So heißt es in der Europäischen Verfassung:

> „Artikel II-70 Gedanken-, Gewissens- und Religionsfreiheit
>
> (1) Jede Person hat das Recht auf Gedanken-, Gewissens- und Religionsfreiheit. Dieses Recht umfasst die Freiheit, die Religion oder Weltanschauung zu wechseln, und die Freiheit, seine Religion oder Weltanschauung einzeln oder gemeinsam mit anderen öffentlich oder privat durch Gottesdienst, Unterricht, Bräuche und Riten zu bekennen."[139]

Die Artikel die stets Erwähnung finden, wenn es um die Einführung des islamischen Religionsunterrichts in der Bundesrepublik Deutschland geht, sind zunächst der Artikel 7 und dann der Artikel 4 des Grundgesetzes mit ihren unten zitierten Absätzen.

> „GG Art 4
>
> (1) Die Freiheit des Glaubens, des Gewissens und die Freiheit des religiösen und weltanschaulichen Bekenntnisses sind unverletzlich.
>
> (2) Die ungestörte Religionsausübung wird gewährleistet.
>
> GG Art 7
>
> (2) Die Erziehungsberechtigten haben das Recht, über die Teilnahme des Kindes am Religionsunterricht zu bestimmen.
>
> (3) Der Religionsunterricht ist in den öffentlichen Schulen mit Ausnahme der bekenntnisfreien Schulen ordentliches Lehrfach. Unbeschadet des staatlichen Aufsichtsrechtes wird der Religionsunterricht in Übereinstimmung mit den Grundsätzen der Religi-

---

[138] Pressemitteilung des Ministeriums für Kultus, Jugend und Sport von Baden-Württemberg vom 15.März 2005: E-mail der Pressestelle: vom 29.04.2005.

[139] Konferenz der Vertreter 2004, S.75.

> onsgemeinschaften erteilt. Kein Lehrer darf gegen seinen Willen verpflichtet werden, Religionsunterricht zu erteilen." [140]

Beide Gesetzgebungen haben den Schwerpunkt, die Ausübung der Religion in Freiheit zuzusichern. Wichtig ist auch die Aussage, dass der Religionsunterricht mit den Grundsätzen der Religionsgemeinschaft übereinstimmen muss. Dieser Einschub in der Formulierung sichert, dass die Inhalte der Curricula des islamischen Religionsunterrichts keine Bereiche enthalten kann, die nicht für alle Muslime repräsentativ sein können. In diesem Zusammenhang sei behauptet, dass durch die Sicherung der islamischen Bildung in Form der Einführung des islamischen Religionsunterrichts die Sicherung der Abwendung extremistischer oder religionsablehnender Neigungen von jungen Muslimen sein kann.

Das Schulsystem der Bundesrepublik Deutschland ist ein föderales Schulsystem und unterliegt daher in den unterschiedlichen Bundesländern den verschiedenen Landesgesetzen. Daraus resultiert u.a., dass der christliche Religionsunterricht in den Schulen der Bundesrepublik Deutschland verschieden gestaltet werden kann und wird. Dies gilt auch parallel zur Einführung des islamischen Religionsunterrichts bundesweit. In Baden-Württemberg wird der islamische Religionsunterricht als Projekt erst zu Beginn des Schuljahres 2006/2007 eingeführt, während andere Bundesländer schon seit über einem Jahrzehnt seine Existenz verzeichnen.

> „Trotz aller Kritik an den Texten kann die Pionierarbeit der beteiligten muslimischen Hochschul- und Schullehrer, der christlichen Religions- und Fachwissenschaftler gar nicht hoch genug eingeschätzt werden. In Ermangelung einer ausgearbeiteten islamischen Pädagogik und Didaktik mußten sie überhaupt erst einmal Grundlagen schaffen, von denen aus weitergegangen werden konnte. Nach über einem Jahrzehnt ahnen wir Muslime langsam , wo die eigentlichen Problemstellen für uns liegen. Es reicht nicht, Jugendlichen im RU die Traditionen und die Geschichte ihrer Glaubensgemeinschaft zu vermitteln, wenn man eigentlich ihre Identität in dieser modernen Säkularität meint." [141]

Der Religionsunterricht differenziert in seiner inhaltlichen Gestaltung grundsätzlich den konfessionellen Religionsunterricht von der Religionskunde, der religiösen Unterweisung.

Karl Schneider beschreibt den konfessionellen Religionsunterricht als einen Unterricht der staatlich ist und unter der Verantwortung der Religionsgemeinschaften steht. Die Religionskunde als Unterricht bzw. die

---

140 Grundgesetz der Bundesrepublik Deutschland (vom 23.Mai 1949, zuletzt geändert am 26.07.2002): Voltmedia GmbH, Paderborn, S.6-8.

141 Aries islamischer Religionsunterricht 1999, S.120.

religiöse Unterweisung hingegen wird von ihm abgegrenzt, indem der Religionsunterricht hier ein Kulturphänomen darstellt. Der Unterricht in diesem Bereich soll weltanschaulich neutral sein.[142] Der Religionsunterricht in Baden-Württemberg ist nach den obigen Beschreibungen zum konfessionellen Religionsunterricht einzuordnen.

Für die Einführung des islamischen Religionsunterrichts ist also ein komplexer Bereich der Gesetzesgrundlagen und Hintergründe zu betrachten und zu prüfen. Aries nennt und erweitert die oben angeführten Gesetze und Vorschriften in Anlehnung an das Islam Archiv Deutschland durch die folgenden und verschärft die Komplexität der Sachlage:

- „[...], [GG] Artikel 6 Absatz 2, [...],
- sowie die incorporierten Artikel der WRV,
- das Gesetz über die religiöse Kindererziehung vom 15.Juli 1921,
- die Landesverfassungen und die Landesschulgesetzgebung,
- die Staatskirchenverträge bzw. Concordate, [...]."[143]

Betrachtet man die Gesamtheit der zur Religionsfreiheit verfassten Gesetze, wird die Komplexität der Hintergründe umso deutlicher. Diese klären und garantieren jedoch die Möglichkeiten zur Einführung des islamischen Religionsunterrichts auf die sich deren Vertreter beziehen. Erkennbar sind aber auch die Grenzen der Umsetzung. So die Voraussetzung, dass die islamische Gemeinschaft als Ansprechpartner keine Institution wie die der Kirche kennt. Als eine Religion, die in vielen Regionen der Welt hauptsächlich durch die Praxis in den Familien überliefert und gesichert wurde, wird häufig die fehlende Instanz der Religionsgemeinschaft als Institution, vergleichbar mit der Kirche, von den Gegnern kritisiert. Zu diesem Problem schreibt Aries:

> „Die Muslime setzen die strukturellen Anforderungen um, indem sie Vereine, Verbände und Dachverbände aufbauten, aber weder der Staat noch die politischen Kräfte im Lande haben diese Anstrengung bisher respektiert, was deren Sprecher damit begründeten, dass die inhaltliche Vielfalt unter den Muslimen in Deutschland sie zu Absprachen unfähig mache. Das ist ein merkwürdiger Einwand, der die Bandbreite etwa innerhalb auch einer Landessynode schlicht ignoriert.
>
> Vielleicht ist der Prozess der Konsensbildung unter den Muslimen ein wenig schwieriger, aber ist möglich; zudem ist dies allein eine Frage der islamischen Gemeinschaft selber."[144]

Unter der Berücksichtigung der oben erwähnten Fakten kann die Frage nach der Vereinbarkeit des Islam mit dem Grundgesetz positiv mit ei-

---

142 Schneider islamischer Religionsunterricht 2002, S.131.

143 Aries Art. 7 Abs. 3 1999, S.121.

144 Aries islamischer Religionsunterricht 1999, S. 117.

nem Ja beantwortet werden. So kann abschließend gesagt werden, dass der Weg für die Einführung des islamischen Religionsunterrichts an den Schulen der Bundesrepublik Deutschland frei ist. Man kann der Forderung der islamischen Bevölkerung auf der Basis oben erwähnter Gesetzesgrundlagen nachkommen und über eine Umsetzung diskutieren.

5.2 Religiöse Bildung in einer säkularen Gesellschaft.

Die plurale Gesellschaft ist geprägt von vielen Einflüssen der Moderne. Die politischen, rechtlichen, wirtschaftlichen, sozialen, technischen Entwicklungen. Die Individualität in der Pluralität, die Loslösung der ethisch, moralischen Prinzipien von Religion sind nur einige Faktoren, die die Religiosität der Gesellschaftsmitglieder fördern oder zur Vernachlässigung des Glaubens führen. Die Religiosität entwickelt sich (unabhängig der Moderne) in säkularen Gesellschaften anders als in Gesellschaften, in denen Staat und Religion verbunden sind.

Die Säkularisierung ist ein:

> „Prozess der >>Verweltlichung<<, der in der europäischen Neuzeit zu einer Ablösung des Denkens und der Wertvorstellungen von religiösen Leitbildern führte und in dessen Verlauf wissenschaftliche Betrachtungsweisen an Bedeutung gewannen; die S. [sic] ging v.a. auf den Einfluss des [...] Humanismus und der [...] Aufklärung zurück, welche die Selbstbestimmungsfähigkeit des Menschen aufgrund seiner Vernunft betonten."[145]

Abhängig vom Ziel der Säkularisierung ist sie auf der Welt unterschiedlich realisiert.

> „Der Sinn dieser Maßnahme [in den Vereinigten Staaten] ist keineswegs der Schutz des Staates vor religiösen Einflüssen, wie dies in Europa der Fall ist, sondern umgekehrt der Schutz des Religiösen vor dem staatlichen Zugriff."[146]

Die Bundesrepublik Deutschland ist kein rein säkularer Staat. Dies zeigt sich in den Verfassungen der jeweiligen Bundesländer. In Artikel 12 und 15 der Landesverfassung von Baden-Württemberg heißt es hierzu:

> „Art. 12
>
> Die Jugend ist in Ehrfurcht vor Gott, im Geiste der christlichen Nächstenliebe, zur Brüderlichkeit aller Menschen und zur Friedensliebe, in der Liebe zu Volk und Heimat, zu sittlicher und politischer Verantwortlichkeit, zu beruflicher und sozialer Bewäh-

---

145 Redaktion Schule 2001, S.352.

146 Haller 2003, S.43. Haller zitiert Blanke, Gustav H.(1988): Das amerikanische Sendungsbewusstsein: Zur Kontinuität rhetorischer Grundmuster im öffentlichen Leben der USA.

rung und zu freiheitlicher demokratischer Gesinnung zu erziehen.

Art. 15

(1) Die öffentlichen Volksschulen (Grund- und Hauptschulen) haben die Schulform der christlichen Gemeinschaftsschule nach den Grundsätzen und Bestimmungen, die am 9. Dezember 1951 in Baden für die Simultanschule mit christlichem Charakter gegolten haben."[147]

Das Schulgesetz in Baden-Württemberg weist auch eine christliche Glaubensgrundlage vor:

„§ 1 Abs. 2 Schulgesetz:

Über die Vermittlung von Wissen, Fähigkeiten und Fertigkeiten hinaus ist die Schule insbesondere gehalten, die Schüler in Verantwortung vor Gott, im Geiste christlicher Nächstenliebe, zur Menschlichkeit und Friedensliebe, in der Liebe zu Volk und Heimat, zur Achtung der Würde und der Überzeugung anderer, zu Leistungswillen und Eigenverantwortung sowie zu sozialer Bewährung zu erziehen ..."[148]

Bei den Diskussionen um die Trennung von Staat und Religion geht es um die Verhinderung der Privilegierung einer Religion auf Kosten der anderen, um die Garantie der Glaubensfreiheit aller Bürger. Mit der Form der Säkularisierung in der Bundesrepublik Deutschland ist zwar, durch die Vorgabe einer christlichen Staatsreligion, keine völlige Trennung von Staat und Religion gegeben, aber die staatliche Unterstützung der anerkannten Religionsgemeinschaften zugesichert. Die Befürchtungen der Muslime um die Säkularisierung ist geprägt von ihrer Angst, dass durch eine autonome Weltlichkeit die Religion an den Rand gedrängt würde.[149]

„Weltlichkeit war gleichbedeutend mit Unglauben und galt darum als direkte Bedrohung der religiösen Identität und der religiösen Werte muslimischer Gesellschaften."[150]

Die Einheit von Staat, Religion und Politik sind idealtypisch und auch in islamischen Ländern nur in Ansätzen verwirklicht. Häufig ist das öffentliche Leben in islamischen Ländern auch säkular geprägt. Dort werden teilsäkulare Bildungseinrichtungen errichtet, die sporadisch eine völlige

147 Bezugnahmen auf das Christentum im Schulrecht der Bundesländer. Baden-Württemberg (30.01.2004): URL: www.ulrichrhode.de/lehrv/stkr/schulrecht.pdf [Stand 21.12.2005].

148 Bezugnahmen [Stand 21.12.2005].

149 Esposito 2004, S.190-192.

150 Ebd., S.191.

Verdrängung der religiösen Aspekte aus der Bildung beinhalten. Häufig angeführtes Beispiel ist die laizistische Staatsordnung der Türkei. Infolgedessen liegen die Chancen einer religiösen Bildung in einer säkularen Gesellschaft in den verwirklichten Möglichkeiten des wissenschaftlich fundierten Wissenserwerbes für die Gläubigen aller Religionen und in der Betrachtung der Gesamtthematik der vorliegenden Arbeit, der Muslime in der Bundesrepublik Deutschland. Die Kinder der Muslime in Deutschland leben in einer Lebensumwelt, die von christlichen Wertvorstellungen, Traditionen, Kulturen und Symbolen geprägt ist. Die Muslime reagieren im Zusammenleben mit der nicht-muslimischen Mehrheitsgesellschaft auf diese Situation und suchen ihre eigenen Lösungen auf dem Weg zur Sicherung der religiösen Erziehung. Ihr Weg führt sie dabei von der Integration, über die Akkulturation und Assimilation bis hin zur Separation.[151]

Zu den Begriffen Integration, Akkulturation, Assimilation und Separation

Integration:

> „[beschreibt] Soziale Prozesse der Eingliederung von Menschen in gesellschaftliche Systeme, z.B. von Einzelpersonen in Gruppen, von Gruppen in ein Gesellschaftssystem oder Vereinigung von Gesellschaftssystemen."[152]

Akkulturation:

> „[Ist der] Prozeß, in dessen Verlauf ein Individuum die für eine *Kultur* typische *Einstellungen, Motivationen* und Handlungsmuster für die Bewältigung wesentlicher Anforderungen bzw. Aufgabenstellungen [...] lernt."[153]

> „[Ist] die Übernahme von Elementen fremder Kulturen, z.B. Wertvorstellungen und Verhaltensweisen, die sich durch kulturelle Kontakte (auch Tourismus), Wanderungsbewegungen (Einwanderung, Gastarbeiter), Wirtschaftsbeziehungen, politische Verflechtungen und Eroberungen ergeben können."[154]

Assimilation:

> „bezeichnet den Prozeß der Angleichung einer Minderheit an die Normen und Werte der sozialen Umgebung mit anderer kultureller Tradition. Bei sich über längere Zeit hinziehenden Anglei-

151 Wolfgang Raack, Regina Doffing, Martin Raack (2003): Recht der religiösen Kindererziehung. Unser Kind und seine Religion. Deutscher Taschenbuch Verlag GmbH & Co. KG, München, S.136f.

152 Vgl. Schaub 1997, S.186.

153 Vgl. Schaub 1997, S.16.

154 Redaktion Schule 2001, S.13.

chungsprozessen besteht für die ausländische Gruppe die Gefahr, ihre kulturelle Eigenart und *Identität* zu verlieren."[155]

Separation/Separatismus:

> „[Ist eine] Bezeichnung für Bestrebungen nach Loslösung von einer vorgegebenen Institution oder Abspaltung eines bestimmten Gebiets aus einem bestehenden Staatsverband. Der Grund für die Entstehung separatistischer Bewegungen liegt häufig in der mangelnden politischen Rücksichtnahme auf soziokulturelle, religiöse, sprachliche oder historische Besonderheiten oder ihrer bewussten Unterdrückung."[156]

Zwischen Separation und Integration:

> „Im gegenwärtigen Islam liegen Tendenzen zur Integration und zur Separation im Widerstreit. So kommt alles auf die Begegnung und den Austausch zwischen Muslimen und Christen an. Das beginnt mit den Kindern im Kindergarten: bereits in den siebziger Jahren entwarfen mutige Bischöfe Gebete zum Einen Gott, Gebete, die von muslimischen wie von christlichen Kindern gesprochen werden konnten. Es setzt sich fort in den Schulen, wo unterschiedliche Formen religiöser Unterweisung (von bloßer Religionskunde bis zu Formen des Religionsunterrichts) praktiziert werden. Höchst wünschenswert wäre die Fortsetzung in einer an allen Hochschulen vertretenen Islamwissenschaft: sie könnte dazu dienen, islamische Lehrerinnen und Lehrer auszubilden, die ihre eigene Kenntnis, ihre Reflexion über Islam und Christentum ins Gespräch der Religionen einbringen könnten. Daran fehlt es aber bis zur Stunde noch fast ganz. Hier ist in den letzten Jahren viel versäumt worden."[157]

Dementsprechend ist ein wichtiger Lernort der islamischen Erziehung im Kontext der säkularen Gesellschaft neben der Familie und der islamischen Gemeinschaft, die Schule mit dem islamischen Religionsunterricht, der in der Bundesrepublik Deutschland flächendeckend eingeführt werden sollte.

Bei dieser Forderung ist die allgemeine Entwicklung von der Abwendung der Jugend von der Religion und vom Glauben an Gott nicht unbedeutend. Die Entfremdung vom Glauben ist auch eine Erscheinung der Pluralität. Die Individuen der pluralen Gesellschaft stehen in einem Verhältnis zueinander, indem sie sich beeinflussen und formen. In den folgenden Abschnitten werden Hintergründe der Entfremdung von der

---

155 Vgl. Schaub 1997, S.37.

156 Redaktion Schule 2001, S.364.

157 Hans Maier, Staatminister a. D. und Mitglied im Zdk (16.12.2003): Ausgabe: 9.Jg., Nr.6. URL: http://www.zdk.de [Stand 02.12.2005].

Religion bzw. von der Entdeckung der Religion anhand von bestimmten Personengruppen näher betrachtet.

5.2.1 Zwischen der Entfremdung von der Religion der älteren Generation und der Besinnung auf die eigene Religiosität: Berichte von Betroffenen.

Auf der Suche nach Betroffenen, die von ihrem Religionswechsel berichten könnten, wurden der Verfasserin zwei Vereine bekannt. Der Deutsch Muslimische Kreis (DMK) in Karlsruhe und der Verein der türkischen Messias Gläubigen „Türk Mesih Inanclilar Birligi" (Tümib) in Weingarten. In beiden Vereinen treffen sich Gläubige regelmäßig und haben einen Austausch zu verschiedenen theologischen Themen. Beide Vereine sind engagiert, sich um die Sorgen ihrer Mitglieder und die der religiösen Gemeinschaft zu kümmern, sie zu betreuen und ihnen Hilfestellungen zu geben. Die Vereine legen Wert auf Weiterbildung durch Vorträge, Schulungen und Aktionen. Die Besonderheit dieser Vereine liegt in ihrer Gemeinsamkeit, beide enthalten Mitglieder die ihren Glauben zu Gott durch verschiedene Religionen gelebt und die Lösung für sich im Wechsel der Religion gefunden haben.

Wie der Islam den Wechsel der Religion betrachtet, wird in einem späteren Kapitel: „die Religionsfreiheit", näher erläutert. In diesem Kapitel sind nur Faktoren der Entfremdung von einer Religion und der Besinnung auf eine andere Religion vordergründig. Aus diesem Grund erfolgt hier keine Diskussion zur Religionsfreiheit.

Bericht eines Christen:[158]

Ali Y. studierte Journalistik, Psychologie, Theologie und Islamwissenschaften. Der 53 jährige Mann, der seine Kindheit in Igdir, eine Kleinstadt in der Türkei, verbrachte, erlebte erst eine Binnenwanderung, bevor es zu seiner Auswanderung nach Deutschland kam. Er lebte zeitweise in Manisa, später in Istanbul und kam 1971 durch eine Eheschließung nach Deutschland. Sein Vater, ein Geschäftsmann, der eine Bäckerei, ein weiteres Geschäft und ein Kaffeehaus besaß, war ein sehr liberaler Mensch. Offen für alles, jedoch mit geringem Bezug zum religiösen Leben. Seine Mutter hatte, im Vergleich zu seinem Vater, einen tiefen Glauben. Auch sie war eine liberale Persönlichkeit. Die Eltern hatten nicht nur eine geringe schulische Bildung, sondern auch eine geringe religiöse Bildung. Ali Y. das zweite Kind der Familie hat fünf Schwestern und erhielt als einziger Sohn der Familie besondere Zuwendung und Liebe. Seine religiöse Bildung, gefördert durch die Schwester der Mutter, war stets begleitet von Fragen nach der Existenz Gottes und

[158] Interview mit Herrn Ali Y.: 07.11.2005.

der Entstehungsgeschichte der Welt. Der Darwinismus und der Nationalismus, dessen unbewusster Anhänger er war, waren sehr populäre Themen seiner Schul- und Jugendzeit, die ihn bewegten. Die sehr negative Darstellung der Christen in den Schulbüchern im Vergleich des Bildes der Christen, die in den Medien geprägt wurde und die sehr positive Darstellung des Islam und die zeitgleichen, negativen Berichte der Medien über den Islam führten ihn zunehmend zum Hinterfragen der Schilderungen und bewegten ihn schon in der Türkei zu der langen Suche nach der Wahrheit.

Angekommen in Deutschland fühlte er sich 1971 sehr alleine. In dieser Einsamkeit beschäftigte er sich intensiver mit der Religion und las auch in einer Bibel. Aber er konnte sich in Deutschland nicht wohlfühlen und entschloss sich nach sechs Monaten, wieder in die Türkei zurückzukehren, und, nach Abschluss seines Wehrdienstes, seine Frau in die Türkei nachzuholen. Diese Rückkehr führte jedoch nicht zum erwünschten Ergebnis. Er fühlte sich auch in Turgutlu sehr fremd und fand keine innere, religiöse Ruhe. Er hatte wenig gemeinsam mit den dort lebenden Menschen und ihren religiösen Ritualen. Die Religion, die oft nur an Ramadan und in den zwei rituellen „Trauermonaten" (Seferaylari) des Jahres, in denen das Volk dieser Ortschaft, um den Tod mancher Propheten trauerten, wichtig zu sein schien, war nicht wirksam genug, seinen Glauben im Islam zu stärken.

In seiner Bedrückung las er zunehmend in der Bibel. Dort erhielt er Antworten auf seine bis dahin ständig währenden Fragen. Hier begann die intensive Beschäftigung mit der heiligen Schrift, dem Menschsein und den Gründen für den Tod, das Sterben. Er kam wieder nach Deutschland und wendete sich von einer Rückkehr in die Türkei ab. Im Islam gab es Dinge, die Ali Y. nicht akzeptieren konnte, z.B. der Jihad. Die ersten vier Jahre seines Christseins waren für ihn sehr schwer, er sah bei den Christen verkehrte Gegebenheiten. Hinzu kamen die ablehnenden Reaktionen seiner Freunde in Deutschland. Sie beleidigten ihn und demolierten mehrfach sein Auto. Seine Frau trennte die Teller bei Tisch und lehnte inzwischen jeden Kontakt zu Christen ab. Sie befanden sich kurz vor einer Scheidung. Die Vorfälle gipfelten im extremen Verhalten eines nahen Verwandten. Er schlug ihnen die Haustür ein und trieb das junge Paar schließlich zur Flucht in eine andere Stadt.

Ali Y. fing an sich zu fragen, ob es sein kann, dass alle falsch liegen und nur er Recht haben kann? Und was wäre, wenn der Koran etwas anderes sagen würde, als das, was er kannte? Er entschied sich, die Bibel nicht mehr zu lesen und sich ein ganzes Jahr ausschließlich mit dem Islam zu beschäftigen. Er forschte und lernte darüber. Er engagierte Imame und nahm Unterricht bei ihnen.

> „Ich werde jetzt die Bibel nicht mehr lesen und mich nur mit dem Islam beschäftigen und wenn ich ein Wort finde, das mich zufrieden stellt, dann werde ich wieder zum Islam überkehren."[159]

Doch er fand nichts.

Seine Frau die ihn anfangs aus Angst vor der Umgebung begleitete, sah, wie sich ihr Mann veränderte. Er war ruhiger, liebevoller, friedliebender geworden. Er verzichtete auf seine schlechten Eigenschaften, wie den Genuss von Alkohol, soweit wie möglich und wollte ein guter Mensch und Gläubiger sein. Er begann ihr auch im Haushalt zu helfen, was für ihn als einziger Sohn einer siebenköpfigen Familie eine Überwindung war. Das Christentum gab ihm eine innere Zufriedenheit und Freude.

In ihrem Zufluchtsort lernten sie einen türkischen Pfarrer kennen, der mit einer deutschen Frau verheiratet war. Diese Menschen waren für Frau Y. ein Beispiel für Christen, wie sie Frau Y. nicht kannte. Der Weg für ihre offene Begegnung mit den Christen war geebnet, ihre Vorurteile abgebaut. Inzwischen ist seine Frau auch zum Christentum übergetreten.

Die positiven Veränderungen an Ali Y. änderten nicht nur den Blickwinkel seiner Frau gegenüber dem Christentum. Die Eltern und die Geschwister von Ali Y. konnten diese Veränderungen auch nicht übersehen und akzeptierten schwerlich die Religion ihres Kindes und Bruders. Die Mutter von Ali Y. sagte:

> „´Mein Sohn, wenn der Prophet Isa derjenige ist, der dich so positiv veränderte und dich so glücklich macht, dann glaube an ihn.´"

Seine Entscheidungsphase dauerte etwa dreieinhalb Jahre und war eine Zeit der intensiven Recherche nach den Grundlagen beider Religionen. Beide Religionen erforschte er vorbildlich anhand Büchern von Autoren der jeweiligen Religionen, die dieser Religion angehörten und diese erforschten. Er glaubt seit 31 Jahren an Messias. 10 Jahre dieser Zeit waren für ihn ein Krieg mit einem interessanten Ergebnis. Er fing an, die Türken, sein Volk, seine Nation zu lieben. Für ihn bedeutet heute Nationalismus, dass man dem Menschen, der Erde und der Heimat nicht den geringsten Schaden zufügen darf. Er besitzt heute noch die türkische Staatsangehörigkeit. Es ist für ihn schwierig zu akzeptieren, dass man eine Prüfung ablegen muss, um deutscher Staatsangehöriger werden zu können.

Ali Y. hat seine „Straßenkarte" zu Gott, zum Himmel, durch das Christentum gefunden. Er erklärt:

> „Wenn man findet, was man sucht, kommt das Leben damit und das Wissen darüber. Egal an was du glaubst, hat das Suchen, das Wissen kein Ende. Ich glaube Sokrates hat gesagt: ´Ich weis etwas

[159] Aussage des Herrn Ali Y. aus dem Interview: 07.11.2005.

> und das ist, das ich nichts weis´. Ich wollte nicht blind sein. Wenn deine Logik und dein Herz etwas nicht akzeptieren, dann beschäftige dich solange damit, bis du sicher bist."[160]

Bericht einer Muslimin:

Eine 39 jährige Frau, ein Mitglied des Deutsch Muslimischen Kreises erklärte sich bereit, ihren Religionswechsel zu schildern. Sie wechselte ihre Religion mit 37 vom Christentum zum Islam. Nach Abschluss des Studiums in englischer und französischer Sprache übte sie eine Dolmetschertätigkeit im Asylbereich aus und ist momentan tätig im Asylbereich in der Kinderbetreuung. Aus ihrer Ehe die sie mit 27 einging, stammen ihre 9 und 6 Jahre alten Kinder. Die Mutter schildert ihren Religionswechsel folgendermaßen.

> „Ich war ursprünglich Christin und bin nun seit 2003 Muslimin. Meine Eltern sind beide deutsche Christen. Sie haben beide Hauptschulabschluss. Ich habe noch zwei ältere Schwestern.
>
> Meine Sinnsuche begann mit ca. 14 Jahren. Ich empfand die wenigen christlichen Überbleibsel (hauptsächlich Feste), die in unserer Familie praktiziert wurden als sinnentleert. Im praktischen Leben hatte Gott keine Bedeutung. Ich begann, über verschiedene Religionen zu lesen, jedoch nicht mit der Absicht, meine Religion zu wechseln. Während meiner Ausbildung trat dies wieder etwas in den Hintergrund. Als ich 27 war, heiratete ich einen Muslim. Dies brachte mich in Kontakt mit vielen Menschen, die diese Religion auch praktizierten. Ich war beeindruckt von dem tiefen Glauben, der Gastfreundschaft und der Hilfsbereitschaft. Die Entscheidung zu konvertieren war trotzdem ein langer Prozess der Entscheidungsfindung. Nach 10-jähriger Suche sprach ich 2003 in der Moschee das Glaubensbekenntnis. Dem voraus gingen viele Gespräche, Begegnungen, Studien und eine schwere Erkrankung meines Sohnes.
>
> Nach meinem Übertritt wurde ich durch das Tragen des Kopftuches als Muslimin sichtbar. Die meisten in meiner Umgebung haben den Übertritt zwar nicht nachvollziehen können, aber sie akzeptierten mich weiterhin. Im Alltagsleben wird man durch das „Politikum" Kopftuch eben sehr auffällig und wird oft angesprochen. Manchmal führt dies zu überraschend schönen Begegnungen, oft muss man sich aber auch dafür rechtfertigen.
>
> Meine neue Religion ist die Basis meines Lebens. Zu meinem Alltag gehören Gebete, Fasten, Koranlesen, Feste. Ich nehme an Aktivitäten der deutschsprachigen muslimischen Gemeinde teil und möchte dies nicht mehr missen.

---

160 Interview mit Herrn Ali Y.: 07.11.2005.

> Ich muss auf nichts verzichten, was mir wichtig ist. Da mein Entschluss freiwillig und gut überdacht war, sind die wenigen Dinge, auf die ich verzichte, durchaus zu verschmerzen. Schwieriger ist, dass man sehr oft im Zentrum der Aufmerksamkeit steht und sich besonders vor seinen eigenen Landsleuten verteidigen muss. Aber trotz allem habe ich meinen Übertritt nie bereut. Schließlich habe ich gefunden, wonach ich so viele Jahre gesucht habe."[161]

Das Wort „zwischen" wurde in der Kapitelüberschrift bewusst ausgewählt. An beiden Berichten ist erkennbar, dass der Übertritt von einer Religion zur Anderen nicht leichtsinnig, ohne nähere Beschäftigung mit der eigenen ursprünglichen Religion vonstatten ging. Beide Personen geben an, ihre Zufriedenheit in der neuen Religion gefunden zu haben. Sie haben beide, deutlicher im ersten Bericht, schwere Anerkennungsphasen durchgemacht. Beispielhaft ist ihr Wunsch nach diesem Wechsel ohne Druck von außen. Ihre Begegnungen mit der neuen Religion sind jedoch geprägt von beeinflussenden, positiven, zwischenmenschlichen Erfahrungen. Auch kommt man nicht umhin zu sagen, dass beide in einer sozusagen „traditionellen Religiosität" aufgewachsen sind. Dies bedeutet in erster Linie, dass ihnen die Liebe zu ihrer ursprünglichen Religion in ihrer Kindheit versagt blieb. Sie schildern nur die rituellen Traditionen, während ihnen die Hintergründe der Rituale und der Religionen verschlossen bleiben. Auch ist feststellbar, dass die Eltern in der Familie kein Vorbild für ein bewusstes religiöses Leben, darstellen. Dies lässt vermuten, dass die Gefahr der Entfremdung vom Glauben, von der Religion, ganz gleich welcher, darin besteht, dass die Eltern ein liberales Leben leben, in der die Religion eine geringe Rolle spielt.

Aber auch das Gegenteil eines streng religiösen Lebens, ohne das richtige Bewusstsein dafür, kann eine Gefahr für die Abwendung von der Religion sein. Dazu ein Zitat einer dritten (zum Christentum) konvertierten Person, die Anonym bleiben möchte:

> „Ich hatte eine sehr strenge Kindheit. Ich musste fünf mal am Tag beten, fasten, jeden Tag im Koran lesen. Ich musste immer in die Moschee, dort haben sie mir nichts beigebracht. Ich wusste nie warum ich das alles tun musste. Heute bin ich Christin, lebe mein Leben. Ich bin freier. Mein Alltag ist weniger durchstrukturiert. Ich kann beten, wann und wie ich will. Ich kann Gott nahe sein, ohne ein schlechtes Gewissen zu haben. Aber ich kann mich auch nicht als Repräsentant der Christen betrachten, dazu mache ich viel zu wenig. Meine Religiosität ist nicht intensiver geworden."[162]

---

161 Bericht einer betroffenen Person: Anonym A.

162 Bericht einer betroffenen Person: Anonym B.

Das vorherige Beispiel zeigt, dass der Wechsel der Religion auch eine Flucht von anderen Begebenheiten im Leben sein kann. Wenn die junge Frau sich, trotz des Wechsels, als nicht religiöser empfindet und von sich behauptet, sie sei auch keine richtige Christin, wird der Grund des Wechsels bedenklich. Bei ihr hat man den Eindruck, als wäre ihre Entscheidung, im Gegensatz zu den anderen Personen, wenig durchdacht und von momentanen Emotionen geleitet worden.

Eine vierte konvertierte Person, ein junger Mann, der zum Christentum übergetreten ist, lehnte es ab, mir von seinen Erfahrungen zu berichten, er sagte: seine Erfahrungen wären so traumatisch gewesen, dass er dies alles am liebsten vergessen wollen würde. Und außerdem wäre er im eigentlichen Sinne auch nicht konvertiert. In seiner Familie hätte keine Religion existiert, man hätte nur zweimal im Jahr gefeiert. Er habe die Religion erst über seine Freunde entdeckt, die Christen sind. Nach einer Beschäftigung mit dem Christentum habe er kein Interesse mehr an der Beschäftigung mit anderen Religionen und es würde auch keine Rolle spielen, was für eine Religion seine Eltern haben, die übrigens Muslime sind.[163]

All diese Beispiele zeigen, wie wichtig die religiöse Erziehung ist, die aufklärend gestaltet werden muss. Die Menschen, die nicht wissen, warum sie was tun, haben irgendwann Schwierigkeiten diese sinnentleerten Rituale, Traditionen aufrechtzuerhalten und über Generationen hinweg weiterzugeben. Man erkennt, dass eine Abwendung vom Glauben häufig schon bei den Eltern anfängt. Um Religion zu leben und zu erhalten, ist die religiöse Bildung ein wichtiger Faktor. Wenn die religiöse Bildung in einer Partnerschaft, in der beide Eltern die gleiche Religion haben, die Kinder in eine Situation bringen kann, in der sie nach ihrer Religion suchen, so stellt sich die Frage nach Situationen der Kinder in gemischt-religiösen Partnerschaften.

Begegnungen mit anderen Religionen ergeben sich nicht nur durch Freunde, Kollegen und Bekannte, sondern auch durch Verwandte oder Partnerschaften. Stellen sie sich vor, sie leben in einer Familie, in der es Atheisten, Muslime , Christen und Zeugen Jehovas gibt. Eine griechisch orthodoxe Frau lebt in solch einer Familie. Sie selbst ist mit einem Muslim verheiratet. Beide Onkels sind mit muslimischen Frauen verheiratet. Ein Sohn des einen Onkels ist mit einer Zeugin Jehovas verheiratet. Diese Konstellation, eine Quelle für unendliche Menschen mit einer religionsunabhängigen weltlichen Moral oder das schöne Beispiel für eine Form des Zusammenlebens mit verschiedenen Religionen in extremster Enge. Wie die religiöse Erziehung und die Entscheidungsfindung in

163 Bericht einer betroffenen Person: Anonym C.

gemischt-religiösen Partnerschaften erfolgen kann, wird im nächsten Abschnitt kurz dargestellt.

5.2.2 Gemischt-religiöse Partnerschaften und die Religion ihrer Kinder.

Im Islam sind gemischt-religiöse Partnerschaften nur für Männer erlaubt. Männer dürfen Frauen anderen Glaubens heiraten. Für ihre Ehefrauen besteht nicht die Pflicht ihre Religion zu wechseln. Sie können ihren Glauben weiterhin beibehalten. Islamische Frauen dürfen eine Ehe mit Zugehörigen anderer Religionen jedoch nicht eingehen. Sollten sie eine solche Ehe eingegangen sein, so muss diese aufgelöst werden. Eine Beibehaltung der Ehe ist für die Muslimin nur unter der Voraussetzung erlaubt, dass der Ehemann zum Islam übertritt. Die Eheschließung mit Polytheisten ist jedoch für Männer wie für Frauen verboten. Der Islam gilt mit dem Unglauben als unvereinbar.[164]

Der Koran bestimmt zum Schutz vor dem Abfall vom Glauben, zur Erhaltung der islamischen Religion und zur Sicherung der Weitergabe an die Nachkommen, die oben erwähnten Regelungen bezüglich der Eheschließung. Dieser Schutz sei in einer Familie mit islamischen Mitgliedern nur unter Einhaltung der obigen Bestimmungen gewährleistet. Die Grundlage dieser Auffassung ist die patriarchalische Gestalt der Familie im Islam.

> „Die Familie hat im Islam ihre in Altarabien herrschende patriarchalische Gestalt beibehalten."[165]

Entgegen dieser Vorschriften des Islam interessieren sich Menschen füreinander. Sie sprengen, von der Natur der Liebe bedingt, kulturelle, traditionelle, sprachliche, soziale, wirtschaftliche und religiöse Grenzen. Es kommt immer wieder zu gemischt-religiösen Partnerschaften, ganz besonders in der Situation der verstärkten Konfrontation der Minderheit mit der Mehrheit der Gesellschaft, der die Migranten ausgesetzt sind.

Wie aber wird in einer muslimisch-christlichen Partnerschaft die Religion gelebt? Wie erfolgt die religiöse Erziehung, die Entscheidungsfindung der Kinder für eine Religion? Anhand der Befragung von gemischt-religiösen Partnern wurden folgende Ergebnisse erschlossen.

Oft ist es so, dass vor der Schließung einer gemischt-religiösen Partnerschaft eine Diskussion über die religiöse Erziehung der Kinder nicht erfolgt. Doch spätestens mit der Schwangerschaft wird über das Thema gesprochen. Man will, dass die Kinder im Erwachsenenalter selbst ent-

---

164 Adel Th. Khoury (2001): Der Islam. Sein Glaube, seine Lebensordnung, sein Anspruch. Herder Verlag, Freiburg im Breisgau, 1988, 6.Auflage, S.163,164.

165 Khoury 2001 Sein Glaube, S.163.

scheiden, an welche Religion sie glauben wollen. Dies hat verschiedene Gründe:

- Die Eltern haben selbst ein lockeres Verhältnis zur Religion und zum Glauben. Auch legen sie mehr Wert auf eine weltliche, moralische Ethik unabhängig einer Religion.
- Die Eltern sind nicht in der Lage, fundierte religiöse Erziehung über die eigene Religion zu geben, obwohl beiden ihre Religion wichtig ist. Sie feiern demgemäß nur die entsprechenden religiösen Feste beider Religionen. Das religiöse Leben ist stark ritualisiert.
- Die Eltern überlassen bewusst die religiöse Erziehung den öffentlichen Einrichtungen. Die Kinder nehmen an den Angeboten der religiösen Erziehung der Schule, der Organisationen teil oder nicht. So wird auch eine Konfliktsituation in der Partnerschaft gemieden.

Eine eigene Wahl der Religion bedeutet für die Kinder jedoch, dass sie im Laufe ihres Lebens eine gewisse Entscheidungskompetenz erwerben müssen. Die Entscheidungskompetenz kann sich nur auf der Grundlage eines fundierten Wissens über beide Religionen bilden. Aus diesem Grund ist es entscheidend, welche religiöse Bildung die Eltern haben und vermitteln und ferner, welche religiöse Praxis im Elternhaus gelebt wird. Wird eine völlig religionsfreie Lebensatmosphäre geschaffen, so entwickelt sich im eigentlichen Sinn kein wirklicher Bezug zu irgendeiner Religion. Es zeichnet sich ein sporadischer Abfall vom Glauben ab. Man kann feststellen, dass ein Abfall von der Religion sich in der Regel nicht innerhalb einer Generation vollzieht und schon bei den Eltern der Grundstein dafür gelegt wird. Ein anderes Ergebnis ist, dass die Empfänglichkeit für andere Religionen und Weltanschauungen größer ist je geringer die eigene religiöse Bildung ist. So kann man langfristig sagen, dass spätestens die Enkelkinder von gemischt-religiösen Paaren potenzielle Anhänger der Religion sein werden, die in ihrem Umfeld gelebt wird.[166]

Zu den fundamentalen Grundlagen der Glaubenssicherung einer pluralistischen Gesellschaft mit einer Vielfalt von Religionen und einer Vielgestaltigkeit der weltlichen Anschauungen gehört also auch das fundierte Wissen über die Religion. Erst mit dieser können sie ihre Sprachfähigkeit, ihre Ausdrucksfähigkeit und ihre Kommunikationsfähigkeit erwerben und eine Entscheidungskompetenz bilden, die sie im offenen Dialog stützt und vor extremistischen oder religionsablehnenden Neigungen schützt.

Im folgenden Abschnitt werden, in Ergänzung des Sachverhaltes und angesichts der Häufigkeit der negativen Berichterstattungen über Mus-

166 Befragung von Personen, die in gemischt-religiösen Partnerschaften leben: 24.11.2005.

lime in den Medien, die Menschenrechte im Islam sowie die Religionsfreiheit im Islam behandelt.

5.3 Menschenrechtserklärungen im Islam

Merad bezeichnet den menschlichen Fortschritt als ein „universales Werk" der Menschheit, an dem alle Völker ihren Beitrag zur Freiheit und Gerechtigkeit geleistet haben.[167] Die Menschenrechte sieht er als „eine Frage des Bewußtseins und nicht [als eine Frage] der Doktrin":

> „Das islamische Bewusstsein steht in gleicher Weise wie das christliche vor dem Anruf der Menschenrechte. Um auf diesen Anruf zu antworten, genügt es nicht, doktrinale Argumente - die stets anfechtbar bleiben - einander entgegenzusetzen; es gilt vielmehr, im Denken und Handeln, im Geiste menschlicher Solidarität und Brüderlichkeit teilzunehmen am gemeinsamen Bemühen aller Menschen guten Willens."[168]

Merad erhält in seiner Behauptung, wenn es ihm bei den Errungenschaften der Menschenrechte, vielmehr um Verstand, Herz und Handlung geht, Unterstützung von Höver, der sagt:

> „In Zusammenhang mit den Menschenrechten von einem ≫Ethos≪ zu sprechen, lässt sich von der griechischen Herkunft des Wortes her in einem zweifachen Sinn verstehen, als ethos [...] i.S.v. Gewohnheit, Sitte, Brauch und als éthos [...] i.S.v. Charakter, Grundhaltung. Beides trifft zu, wenn man von den Menschenrechten als universalem Ethos der modernen Welt spricht."[169]

Die Menschenrechte sind eine Grundhaltung, ein Charakteristikum der globalisierten Welt. Fast in jeder Verfassung der Länder sind sie in die Grundgesetze aufgenommen. Die Diskussion um die Einhaltung der Menschenrechte ist in den Medien ständig präsent. Ein oft kritisierter Bereich sind die Strafmaßnahmen im Islam. Die vieldiskutierte Todesstrafe, als ein Zeichen für ein barbarisches Volk, deren Mitglieder keinen Fuß in der zivilisierten westlichen Welt fassen können, dürfen?! Das Recht der Unversehrtheit des Körpers wird oft in Verbindung mit schrecklichen Beispielen von Tradition, die auf den Brauch, die Ge-

---

167 Ali, Merad: Das islamische Bewußtsein vor dem Aufruf der Menschenrechte. In: Johannes Schwartländer (1993): Freiheit der Religion. Christentum und Islam unter dem Anspruch der Menschenrechte. Matthias-Grünewald-Verlag, Mainz, Bd. 2, S.351.

168 Merad Das islamische Bewußtsein, S.352.

169 Gerhard Höver: Menschenrechte - universales Ethos der modernen Welt. In: Johannes Schwartländer (1993): Freiheit der Religion. Christentum und Islam unter dem Anspruch der Menschenrechte. Matthias-Grünewald-Verlag, Mainz, Bd. 2, S.352.

wohnheit der Muslime vor Ort zurückzuführen sind, hervorgehoben. Ein Beispiel stellt die Beschneidung der Frauen in Afrika dar. Insbesondere dieses Beispiel hat keine religiöse Verpflichtung als Grundlage und ist eine traditionelle, körperliche Verstümmelung der Frau, die keine medizinische Notwendigkeit ist oder einen hygienischen Sinn hat.

Es wird in der Moderne so dargestellt, als würden nur die westlichen Zivilisationen im christlich-abendländischen Raum über Menschenrechte verfügen. Die Menschen in den islamischen Ländern hingegen keine Rechte haben. Doch die Rechte bestehen. Trotz der Tatsache, dass noch viele ihrer Rechte beraubt sind und sie mitunter durch die Tradition, Kultur und Religion zur Flucht getrieben, in Europa um Asylgewährung bitten, darf man die positive Kehrseite der Medaille nicht vergessen. Diese Fakten dürfen auch nicht zu falschen Vorstellungen und zur Euphorie über die westlichen Zivilisationen führen, die auch heute noch Menschenrechtsverletzungen aufweisen, die in ihren Gesetzen eine erlaubte Grundlage haben. Ein Beispiel dafür ist die noch immer praktizierte Todesstrafe im Amerika. Hier begegnet man nie einer Verallgemeinerung auf die westliche oder gar auf die christlich-abendländische Welt, man betrachtet diese unschöne Tatsache als ein aufzuhebendes Makel von der amerikanischen Regierung selbst. Diese Gegebenheit der Verletzungen der Menschenrechte in allen Kulturen vergegenwärtigt, dass die von der Weltbevölkerung anerkannten Menschenrechte, die sich vielmals in den Landesverfassungen sowie den Grundgesetzen der Länder wiederfinden, sich auch im Jahr 2005 noch nicht überall durchsetzen konnten. So sollte man also davon Abstand nehmen, die islamische Weltbevölkerung und ihre Länder pauschal zu verurteilen.

Dito haben also auch die europäischen Politiker nach Tibi ihre Legitimität im Bereich der Menschenrechte durch ihre Politik im Balkan (Bosnien) aufs Spiel gesetzt und haben ihre Glaubwürdigkeit, bezüglich der Werte der individuellen Menschenrechte und Demokratie zu sprechen, verloren.

> „Wenn ihr Völkermord, Folter und Vergewaltigung von Frauen in eurem eigenen Haus, dem europäischen Kontinent, duldet, wie könnt ihr euch dann das Recht herausnehmen, über Menschenrechte zu sprechen?“[170]

Jungmann sieht die Triebfeder der Menschenrechtsverletzungen, mit Ausnahme der Strafformen, nicht im Islam und auch nicht in den Eigenarten der islamischen Völker begründet, sondern in den noch immer vorhandenen nachkolonialen Konflikten, die zu Krisen zwischen armen

[170] Bassam, Tibi (1996): Im Schatten Allahs. Der Islam und die Menschenrechte. R. Piper GmbH & Co. KG, München, 1994, Erweiterte Taschenbuchausgabe, S.315.

und reichen Bevölkerungsgruppen führen und bezieht sich dabei auf Informationen von Amnesty international.[171]

Tibi hingegen findet die Ursache der mangelnden Menschenrechte in der Zivilisation des Islams in der Scharia und in der Herrschaft begründet.

> „Das Fehlen individueller Menschenrechte in der Zivilisation des Islam hängt gleichermaßen mit der orientalischen Despotie (keine legale Herrschaft) und der *Scharia* als dem entsprechenden kulturellen Muster zusammen."[172]

Zum Begriff der Scharia und ihren Quellen:

> „Der arabische Ausdruck für Religionsgesetzt ist **Scharia**. Man versteht darunter die Gesamtheit der dem Menschen geoffenbarten Willensäußerungen Gottes bzw. die Regelung des vorgeschriebenen Verhaltens der Menschen zu Allah und untereinander bzw. die Beurteilung und Wertung aller Lebensverhältnisse auf der Basis des **Koran** und der **Sunna** sowie die Übereinstimmung (*idschmá*) der Traditionen der verschiedenen **Madhhab** (=Rechtsschulen)."[173]

Den seit den 70er Jahren zunehmenden Diskussionen über die Menschenrechte folgten vielerlei Kritik und Veröffentlichungen zu den Menschenrechten.[174] Im folgenden die zwei wesentlichen Menschenrechtserklärungen im Islam, „die Allgemeine islamische Menschenechtserlärung" von 1981, durch den Islamrat für Europa verabschiedet und „die Kairoer Erklärung der Menschrechte im Islam" veröffentlicht 1990 von der Organisation der islamischen Konferenz.

5.3.1 Die allgemeine Erklärung der Menschenrechte von 1981

Die „allgemeine islamische Menschenrechtserklärung" von 1981 wurde in Paris veröffentlicht. Die Veröffentlichung hatte eine arabische, eine englische und eine französische Fassung. Die arabische Fassung, die als die Originalfassung gilt, unterscheidet sich von den anderen. Sie enthält Erklärungen, Wortlaute aus dem Koran und Zitate des Propheten, die in den anderen Fassungen weggelassen und durch Hinweise ersetzt wurden. Nicht nur deshalb auch wegen den Unterschieden der Formulierung der englischen und französischen Fassung gegenüber der arabischen, gehen Experten nicht von einer Übersetzung aus. Diese

171 Irmgard Jungmann: Angst vor dem Islam? (Auszug). In: Siegfried Schulz (Hrsg.) (1997): Materialien. Der Islam: Christen begegnen Muslimen. Sekundarstufe I. Ernst Klett Verlag für Wissen und Bildung GmbH, Stuttgart, 1993, 5.Aufl., S.60.

172 Tibi 1996, S.241.

173 Gottfried Hierzenberger (2003): Der Glaube der Muslime. Topos plus Verlagsgemeinschaft, Kevelaer, S.116.

174 Merad: Das islamische Bewußtsein 1993, S.347.

Fassungen sind gediegener in der Wortwahl, so dass allgemein die Meinung vertreten wird, das die arabische Veröffentlichung eine andere Version der Menschenrechtserklärung sei und die englische sowie die französische Version eine europäisch angepasste sei. Das oft verwendete Wort der Gemeinschaft erweckt zum Beispiel im Vergleich zur Originalfassung den Eindruck als würde von der Gemeinschaft gesprochen, in der das Individuum lebt. Also nicht unbedingt die islamische Gemeinschaft der Muslime, die Umma, auf die in der arabischen Fassung stets Bezug genommen wird. Eine in einer westlichen christlich-abendländischen Gemeinschaft lebende Person könnte so also bei der Interpretation der islamischen Menschenrechte irregeführt werden.

Merad beurteilt die deutliche Differenz zwischen den Versionen als einen Versuch,:

> „die Nichtmuslime zu beruhigen und ihnen die islamische Ethik so darzulegen, dass sie auch für diejenigen annehmbar ist, die vom Geist der modernen menschenrechtlichen Prinzipien durchdrungen sind."[175]

Alle Fassungen erklären grundsätzlich, dass sie zur göttlichen Ordnung gehörig sind und stellen ständig eine Verbindung zur Scharia her. Die Scharia, der Koran und die Sunna, durch die die Menscherechte begründet werden, sind die Grundlagen der gottgegebenen Rechte und Pflichten. Die auf dieser Basis formulierten 23 Artikel der Erklärung der allgemeinen islamischen Menschenrechte sind damit unveränderlich, weder durch eine Instanz, noch durch eine Person. Sie sind feste Vorgaben Gottes. Die Menschenrechtserklärung informiert darüber, welche Rechte, Pflichten, Freiheiten, Beschränkungen und Verbote die Umma und deren Mitglieder haben. Des Weiteren beinhaltet sie auch die Rechte anderer Minderheiten, die in der islamischen Gemeinschaft leben. Im Einzelnen werden aufgeführt die Männer, die Frauen, die Eltern, die Kinder.

Die persönlichen, wirtschaftlichen, sozialen, politischen Rechte finden ebenso ihren Platz in der Erklärung. Die aufgeführten Rechte ziehen häufig auch Pflichten nach sich, die nicht nur der Interpretation des Lesers überlassen werden. Diese werden auch teilweise direkt ergänzt. Verbote und Einschränkungen der Rechte, wiederum durch die Scharia begründet, sind auch ein Teil der Menschenrechtserklärungen, die auch die Autorität des Staates begrenzen.

---

[175] Ali, Merad: Zur „Allgemeinen Islamischen Menschenrechtserklärung". In: Johannes Schwartländer (1993): Freiheit der Religion. Christentum und Islam unter dem Anspruch der Menschenrechte. Matthias-Grünewald-Verlag, Mainz, Bd. 2, S.449.

Ein Auszug der Artikel der allgemeinen Menschenrechtserklärung zu den Bereichen der Familie, Erziehung und Bildung sowie zur Religionsfreiheit und Gleichheit vergegenwärtigen die entsprechenden Rechte und Pflichten:

- Gleichheit:

„Art. 3: Das Recht auf Gleichheit

a. Alle Menschen sind vor der sari´a gleich [...].[176]

b. Alle Menschen haben den gleichen menschlichen Wert: Ihr seid alle von Adam, und Adam ist von Staub [...]. Vielmehr unterscheiden sie sich durch die Taten: ´Und alle werden nach dem eingestuft, was sie getan haben´ (Koran 46,19). [...]."[177]

- Familie:

„Art. 19: Das Recht auf Gründung einer Familie

Die Ehe in ihrem islamischen Rahmen ist das Recht eines jeden Menschen. Sie ist der legale Weg zur Gründung der Familie, zur Zeugung der Nachkommenschaft und zur Tugendhaftigkeit der Seele [...]. Jeder der beiden Ehegatten hat gleiche Rechte und Pflichten gegen den anderen, wie die sari´a sie aufführt [...].

Jeder der beiden Ehegatten hat dem anderen gegenüber das Recht auf Hochachtung und Wertschätzung seiner Empfindungen und Umstände im Rahmen der gegenseitigen Liebe und Hochachtung [...].

Der Ehemann muß seiner Ehefrau und seine Kinder ohne knauserig zu sein unterhalten [...].

Jeder erhält in der Familie, was er an materieller Sicherheit, Zärtlichkeit und Liebe in der Kindheit, im Alter und in der Schwäche braucht. Die Eltern haben gegen ihre Kinder einen Anspruch auf materielle Sicherheit und körperliche und seelische Fürsorge [...].

g. Die Mutterschaft hat ein Recht auf besondere Fürsorge durch die Familie [...].

h. Die Verantwortung in der Familie ist ein Teilnahmeverhältnis zwischen den Mitgliedern; jeder nach seiner Fähigkeit und der Natur seiner Veranlagung. Es ist eine Verantwortung, die über den Kreis von Eltern und Kindern hinausreicht und Verwandte und Blutsverwandte mütterlicherseits umfasst [...].

---

176 Martin Forster: Allgemeine Islamische Menschenrechtserklärung. CIBEDO-Dokumentationen, Nr.15/16, Juni / September 1982, S.25.

177 Ebd., S.26.

i. Ein junger Mann oder ein junges Mädchen werden nicht zur Ehe mit jemanden, den sie nicht wollen, gezwungen [...]."[178]

- Erziehung:

„Art. 19: Das Recht auf Gründung einer Familie

a. [...] Dem Vater obliegt die Erziehung seiner Kinder: „Körperlich, moralisch und religiös entsprechend seinem Glauben und seinem Gesetz. Er ist verantwortlich für die von ihm auszuwählende Richtung [...].

d. Jedes Kind hat gegen seine Eltern das Recht auf eine gute Erziehung Ausbildung und Bildung [...]. Kinder dürfen nicht im frühen Alter zur Arbeit herangezogen werden, ebenso wenig dürfen ihnen Tätigkeiten auferlegt werden, die sie überlasten oder ihr Wachstum verzögern oder ihnen ihr Recht auf Spiel und Lernen nehmen.

e. Wenn die Eltern des Kindes ihre Verantwortung ihm gegenüber nicht erfüllen können, so geht diese Verantwortung auf die Gesellschaft über [...]."[179]

„Art. 21: Das Recht auf Erziehung

a. Eine gute Erziehung ist das Recht der Kinder gegen ihre Eltern; anderseits sind Ehrfurcht und freundliche Behandlung ein Recht der Eltern gegen ihre Kinder [...]."[180]

- Bildung:

„Art. 21: Das Recht auf Erziehung

b. Ausbildung ist ein Recht für alle. Die Suche nach Wissen ist für alle Männer und Frauen gleichermaßen eine Pflicht [...]. Die Unterrichtung ist ein Recht des Unwissenden gegen den Wissenden [...].

c. Die Gesellschaft muß jedem die gleiche Gelegenheit geben, zu lernen und Aufklärung zu erhalten [...]. Jeder kann wählen, was seinen Begabungen und seinen Fähigkeiten entspricht: ´Jeder ist erfolgreich bei dem, wozu er erschaffen wurde´ [...]."[181]

- Religionsfreiheit

„Art. 10: Die Rechte der Minderheiten (61)

178 Ebd., S.37-39.

179 Ebd., S.37-38.

180 Ebd., S.40.

181 Ebd., S.40.

a. Die religiöse Stellung der Minderheiten wird bestimmt durch den allgemeinen koranischen Grundsatz: ´In der Religion gibt es keinen Zwang´ (Koran 2,256). [...].“[182]

„Art. 12: Das Recht auf Gedanken- , Glaubens- und Redefreiheit

a. Jeder kann denken, glauben und zum Ausdruck bringen, war [sic was] er denkt und glaubt, ohne daß ein anderer einschreitet oder ihn behindert, solange er innerhalb der allgemeinen Grenzen, die die sari´a vorschreibt, bleibt. Nicht erlaubt ist die Verbreitung von Unwahrheit und die Veröffentlichung dessen, was der Verbreitung der Schamlosigkiet oder Schwächung der Umma dient [...].[183]

e. Hochachtung vor den Empfindungen der Andersgläubigen ist ein Charakterzug des Muslims. Keinem ist es erlaubt, die Überzeugung eines anderen zu verspotten, ebenso wenig, die Gesellschaft gegen ihn aufzuhetzen [...].“[184]

„Art. 13: Das Recht auf religiöse Freiheit

Jeder hat die Freiheit des Glaubens und der Religionsausübung entsprechend seinem Glauben [...].“[185]

5.3.2 Die Kairoer Erklärung der Menschenrechte von 1990

Die Kairoer Erklärung[186] wurde 1990 veröffentlicht und enthält 25 Artikel zu den Menschenrechten im Islam. Die Gelehrten halten immer wieder fest, dass die Inhalte der Artikel mit der Scharia übereinstimmen. In Artikel 25 wird festgehalten, dass die Scharia die einzige Quelle für die Auslegung der Artikel ist und die angesprochenen Rechte und Freiheiten ihr unterstehen. Diese Position der Scharia wird in verschiedenen Artikeln immer wieder betont und in Artikel 24 der Kairoer Erklärung ausdrücklich festgehalten. Die Inhalte der Artikel werden nicht nur auf Basis der Scharia fundiert, sie werden auch durch sie beschränkt. In Artikel 22 Absatz a heißt es:

„Jeder Mensch hat das Recht auf freie Meinungsäußerung, soweit er damit nicht die Grundsätze der Scharia verletzt.“[187]

---

182 Ebd., S.30.

183 Ebd., S.31.

184 Ebd., S.32.

185 Ebd., S.33.

186 Die Kairoer Erklärung der Menschrenrechte im Islam. In: Gewissen und Freiheit (1991) 19. Jahrgang, S. 93-98.

187 Ebd., S. 97.

In Artikel 19 Absatz d heißt es:

> "Über Verbrechen oder Strafen wird ausschließlich nach den Bestimmungen der Scharia entschieden."[188]

Die Inhalte der Artikel betreffen das Zusammenleben der Menschen untereinander und der Beziehung zu Gott. Sie stellen Regeln für das harmonische Zusammenleben auf. Es wird jedoch immer wieder deutlich, dass das religiöse Leben im Islam und das Bild des Menschen im Islam vorherrschend sind.

> „[...] die grundlegenden Rechte und Freiheiten im Islam [sind] ein integraler Bestandteil der islamischen Religion [...] und [...] ihre Einhaltung [...] ein Akt der Verehrung Gottes und ihre Mißachtung oder Verletzung eine schreckliche Sünde, und deshalb ist jeder Mensch individuell dafür verantwortlich, sie einzuhalten – und die Umma trägt die Verantwortung für die Gemeinschaft."[189]

So geschrieben in der Einleitung und so verstanden für die islamische Gemeinschaft, trägt jeder die Verantwortung für sein eigenes Verhalten, sein Leben vor Gott und der Gemeinschaft (die islamische Umma).

Die Kairoer Erklärung der Menschenrechte hält in diesem Rahmen folgende Bereiche für schutzbedürftig.

Die Familie (Alte Menschen, Frauen, Kinder), die Ehe, die Bildung, die Erhaltung der Menschheit, die Umwelt, die Freiheit, das Recht der freien Meinungsäußerung, das Asylrecht, der Schutz der Kriegsgefangenen, der Anspruch auf Arbeit und Gerechtigkeit bei der Entlohnung, das Recht auf Eigentum, der Schutz und die Versorgung durch den Staat, das Verbot der Unterwerfung und des Kolonialismus, das Verbot der Geiselnahme, das Verbot Hass zu schüren und dadurch Rassendiskriminierung zu fördern, die Sicherheit durch den Staat, der Schutz durch die Autoritäten, das Recht an der Beteiligung an der Verwaltung von Staatsangelegenheiten.

Die Kairoer Menschenrechtserklärung ist auch sehr aufschlussreich bezüglich der Bereiche der Familie, Erziehung und Bildung sowie der Religionsfreiheit und Gleichheit. Der Begriff der Familie wird nicht nur auf die Kernfamilie beschränkt betrachtet. Daneben existiert auch die Familie der Menschheit Die vergleichbaren Artikel sind:

- Gleichheit:

> „Artikel 1:
>
> Alle Menschen bilden eine Familie, deren Mitglieder durch Unterwerfung unter Gott vereint sind und alle von Adam abstam-

[188] Ebd., S. 97.

[189] Ebd., S. 93.

men. Alle Menschen sind gleich an Würde, Pflichten und Verantwortung, und das ohne Ansehen von Hautfarbe, Sprache, Geschlecht, Religion, politischer Einstellung, sozialem Status oder anderen Gründen. Der wahrhafte Glaube ist die Garantie für das Erlangen solcher Würde auf dem Pfad zur menschlichen Vollkommenheit.

Alle Menschen sind Untertanen Gottes, und er liebt die am meisten, die den übrigen Untertanen am meisten nützen, und niemand ist den anderen überlegen, außer an Frömmigkeit oder guten Taten."[190]

- Familie:

„Artikel 5:

Die Familie ist die Keimzelle der Gesellschaft, und die Ehe ist die Grundlage ihrer Bildung. Männer und Frauen haben das Recht zu heiraten, und sie dürfen durch keinerlei Einschränkungen aufgrund der Rasse, Hautfarbe oder Nationalität davon abgehalten werden, dieses Recht in Anspruch zu nehmen.

Die Gesellschaft und der Staat müssen alle Hindernisse, die einer Ehe im Wege stehen, beseitigen und die Eheschließung erleichtern. Sie garantieren den Schutz und das Wohl der Familie.

Artikel 6:

Die Frau ist dem Mann an Würde gleich, sie hat Rechte und auch Pflichten; sie ist rechtsfähig und finanziell unabhängig, und sie hat das Recht, ihren Namen und ihre Abstammung beizubehalten.

Der Ehemann ist für den Unterhalt und das Wohl der Familie verantwortlich."[191]

- Erziehung:

„Artikel 7:

Von Geburt an hat das Kind Anspruch darauf, daß seine Eltern und die Gesellschaft für seine richtige Pflege und Erziehung und für seine materielle, hygienische und moralische Versorgung Sorge tragen. Das Kind im Mutterleib und die Mutter genießen Schutz und besondere Fürsorge.

Eltern und Personen, die Elternstelle vertreten, haben das Recht, für ihre Kinder die Erziehung zu wählen, die sie wollen, vorausgesetzt, daß sie dabei das Interesse und die Zukunft der Kinder

190 Ebd., S.93.

191 Ebd., S.94.

mitberücksichtigen und daß die Erziehung mit den ethischen Werten und Grundsätzen der Scharia übereinstimmt.

In Einklang mit den Bestimmungen der Scharia haben beide Elternteile bestimmte Rechtsansprüche gegenüber ihren Kindern, und Verwandte haben Rechtsansprüche gegenüber ihren Nachkommen.“[192]

- Bildung:

  „Artikel 9:

  Das Streben nach Wissen ist eine Verpflichtung, und die Gesellschaft und der Staat haben die Pflicht, für Bildungsmöglichkeiten zu sorgen. Der Staat muß sicherstellen, daß Bildung verfügbar ist und daß im Interesse der Gesellschaft ein vielfältiges Bildungsangebot garantiert wird. Die Menschen müssen die Möglichkeit haben, sich mit der Religion des Islams und den Dingen der Welt zum Wohle der Menschheit auseinanderzusetzen.

  Jeder Mensch hat das Recht auf eine sowohl religiöse als auch weltliche Erziehung durch die verschiedenen Bildungs- und Lehrinstitutionen. Dazu zählen die Familie, Schule, Universitäten, die Medien usw. Alle zusammen sorgen sie ausgewogen dafür, daß sich seine Persönlichkeit entwickelt, daß sein Glaube an Gott gestärkt wird und daß er sowohl seine Rechte wahrnimmt als auch seine Pflichten beachtet.“[193]

  „Artikel 16:

  Jeder hat das Recht, den Erfolg seiner wissenschaftlichen, literarischen, künstlerischen oder technischen Arbeit zu genießen und die sich daraus herleitenden moralischen und materiellen Interessen zu schützen, vorausgesetzt, daß die Werke nicht den Grundsätzen der Scharia widersprechen.“[194]

- Religionsfreiheit

  „Artikel 10:

  Der Islam ist die Religion der reinen Wesensart. Es ist verboten, irgendeine Art von Druck auf einen Menschen auszuüben oder seine Armut oder Unwissenheit auszunutzen, um ihn zu einer anderen Religion oder zum Atheismus zu bekehren.“[195]

---

192 Ebd., S.94-95.

193 Ebd., S.95.

194 Ebd., S.96.

195 Ebd., S.95.

„Artikel 18:

Jeder Mensch hat das Recht auf persönliche Sicherheit, auf Sicherheit seiner Religion, seiner Angehörigen, seiner Ehre und seines Eigentums.

Jeder Mensch hat das Recht auf eine Privatsphäre, zu Hause, in der Familie und in bezug auf sein Vermögen und sein privates Umfeld. Es ist verboten, ihn zu bespitzeln, zu überwachen oder seinen guten Ruf zu beschmutzen. Der Staat muß den Bürger vor willkürlicher Beeinträchtigung schützen.

Die Unverletzlichkeit der Privatwohnung wird gewährleistet. Das Betreten einer Privatwohnung darf nicht ohne die Erlaubnis der Bewohner oder auf irgendeine ungesetzliche Art geschehen. Die Wohnung darf weder verwüstet noch beschlagnahmt werden, noch dürfen die Bewohner mit Gewalt vertrieben werden."[196]

Beide Menschenrechtserklärungen enthalten neben Rechten, auch die auf die Scharia bezogenen Einschränkungen dieser und weitere Verbote. Aus diesem Grund wirken sie auf den ersten Blick befremdlich. Diese Positionierung der einschränkenden Bestimmungen und der Verbote werden vor dem Hintergrund des Islams, der sich auch als politisches und rechtsetzendes System versteht, nachvollziehbar.

Die Gelehrten, der Menschenrechtserklärungen, gehen stets von der Gleichheit der Menschen aus. Es entgeht dem Leser jedoch nicht, dass die Rechte von den Muslimen sich von den Rechten der Andersgläubigen absetzen. Betont werden durchgehend die koexistenten Rechte der Minderheiten in der Gemeinschaft der Muslime, der Umma. Vordergründig ist auch hier die Wahrung der Glaubenserhaltung im Islam, welches prinzipiell mit der eingeschränkten Ausübung der anderen Religionen in muslimischen Gemeinschaften einhergeht. Bei einer gerichtlichen Rechtsprechung können Andersgläubige sich auf die Zusicherung einer Rechtsprechung nach ihrem Glauben verlassen. Während sie, die Andersgläubigen, die Wahl haben, werden Muslime ihre Rechtsprechung ausschließlich nach der Scharia erhalten. So liegt es nahe, dass in islamischen Ländern verschiedene Rechtsprechungen existieren können. Zum einen die Rechtsprechung für die Umma und zum Anderen die Rechtsprechung für die übrige Bevölkerungsgruppe.

Nach der intensiven Beschäftigung mit den Menschenrechtserklärungen, den Grundlagen zur Glaubenssicherung und den möglichen Ursachen der Entfremdung von einer Religion, stellt sich die Frage nach der Religionsfreiheit. Von was die Zugehörigkeit einer Religion gegenüber bestimmt wird und ob wirklich eine Freiheit zur Wahl besteht? Die Antwort bietet das nächste Kapitel.

---

196 Ebd., S.97.

5.3.3 Die Religionsfreiheit

Khoury betrachtet die Religionsfreiheit im Islam unter drei Aspekten: die Verweigerung des Glaubens, die Abkehr vom Islam und schließlich die Religionsfreiheit der Schutzbürger (andersgläubige Minderheiten in islamischen Ländern).

Den Schutzbürgern, die in islamischen Ländern leben, wird ihre Glaubens- und Gewissensfreiheit garantiert. Der Staat hat hier jedoch ein einschränkendes Anliegen, um das religiöse Empfinden der Muslime nicht zu stören. Die Schutzbürger dürfen ihre bestehenden Kultgebäude renovieren und restaurieren. Der Neubau ist jedoch in größeren Ortschaften verboten. Sie können ihre Religion in ihren Kultgebäuden und Häusern praktizieren. Die religiöse Unterweisung ihrer Nachkommen steht ihnen zu.[197]

> „Dass auch heute einige Länder der islamischen Welt die Religionsfreiheit der Christen unter Androhung schwerer Strafen drastisch einschränken, gehört zu den Auswüchsen einer streng fundamentalistischen Deutung der Angaben der islamischen Rechtstradition, welche den Nutzen des Islams nicht gerade mehren."[198]

Die Schutzbürger haben also das Recht auf Religionsfreiheit. Feststellbar ist jedoch, das man von keiner vollständigen Freiheit sprechen kann, wenn man die Religion prinzipiell nur in eigenen Kreisen leben und weitergeben darf. Eine Verbreitung der Religion der Schutzbürger wird durch die Erlaubnis der religiösen Unterweisung der Nachkommen beschränkt. Hier wird nur die Koexistenz geduldet.

Khoury zitiert Vers 2,256 aus dem Koran:

> „´Es gibt keinen Zwang in der Religion ...´."

und bezeichnet diesen als „[...] [das] Fundament der islamischen Toleranz in Sachen des Glaubens und der religiösen Praxis".[199]

In Anlehnung an Rudi Paret stellt er fest, dass die islamische Tradition hierin das Verbot sieht, die Menschen zur Annahme des Glaubens zu zwingen. Dazu sei nur Gott in der Lage.

Das Gebot der Bekehrung und das Verbot des Zwangs zum Glauben stellt eine gewisse Sicherheit für Andersgläubige, speziell für Christen und Juden, dar, die sich weigern, den Islam anzunehmen. Eine Sicherheit insofern, als:

---

197 Khoury 2001 westliche Welt, S.123-124.

198 Ebd., S.124.

199 Ebd., S.121.

> „dass der Koran den Juden und den Christen einen gültigen Teil-Glauben bescheinigt, dass er aber sie auch des Teil-Unglaubens bezichtigt. [...] Kämpft gegen sie, ´bis sie von dem, was ihre Hand besitzt, Tribut entrichten als Erniedrigte´ (9,29)."[200]

Sie dürfen zwar ihrer Religion nachgehen, jedoch werden sie im Jenseits auch als erniedrigte Personengruppe dafür bestraft, den Islam nicht als die endgültige Religion Gottes angenommen zu haben. Weitaus schlimmer trifft es jedoch die Menschen, die vom Islam abkehren.

Nach den Versinhalten (2/217, 3/86-90, 106, 107, 4/138,139, 16/106-109) aus dem Koran ist die Abkehr von der Religion im Islam strengstens verboten. Für die Menschen, die vom Islam abkehren ist die ewige Höllenstrafe vorgesehen. Der Fluch Gottes lastet auf ihnen und sie werden nicht mehr von Gott auf den richtigen Weg geleitet werden. Sie werden am Tag der Auferstehung schwarze Gesichter haben und ihre Strafe annehmen müssen. Nur denjenigen, die sich einmal vom Islam abgekehrt haben und dies bereut haben und endgültig wieder zum Islam wiedergekehrt sind und denjenigen, die im Herzen an den Islam glauben, und zur Abkehr gezwungen wurden, wird Allah verzeihen. Aber diejenigen, die in ständiger Ungewissheit mit dem Islam leben, sind für ewig verloren. Verloren sind Menschen, die sich mit ihr nicht voll identifizieren und sich weder für noch gegen die islamische Lebensführung entscheiden und ein Leben danach führen. Es heißt der Teufel würde sie verleiten. Ihre guten Taten im Diesseits würden an Bedeutung verlieren und im Jenseits unbelohnt bleiben.[201]

> „Wer eine andere Religion als den Islam sucht - nie möge er sie annehmen -, der gehört im zukünftigen Leben gewiß zu den Verlorenen(3,86)."[202]

Während Andersgläubige ihre Religion beibehalten oder von ihr zum Islam konvertieren dürfen, besteht die Möglichkeit der Abkehr für Muslime nicht. Insofern gilt der Satz: „Kein Zwang in der Religion" nur für Andersgläubige. Sie können glauben an welche Religion sie möchten bzw. diese beibehalten. Insofern kann gesagt werden, dass während die Christen und Juden, die als solche geboren wurden, als Teil-Ungläubige ihre Anerkennung von Gott in Teilen erfahren, erhalten die vom Islam konvertierten Christen und Juden eine andere Position und Beachtung Gottes. Aus muslimischer Sicht die der Bestrafung. Dies gilt auch für Ungläubige.

---

200 Khoury 2001 westliche Welt, S.122.

201 Ludwig Ullmann (1986): Der Koran. Das heilige Buch des Islam. Wilhelm Goldmann Verlag, München, 16.Aufl., 1959, S.43, 60, 62, 86, 222.

202 Ebd., S.60.

Der verbotene Religionswechsel für Muslime zeigt, dass die Religionsfreiheit nicht für Muslime gilt. Sie haben die einmal angenommene Religion endgültig beizubehalten, wenn sie sich nicht den ewigen Fluch auflasten möchten.

> „Der Fluch Allahs und der Engel und aller Menschen Fluch trifft sie;
>
> [...] ewig werden sie verflucht bleiben; nichts mildert ihre Qual [...]. (3/88,89)“[203]

Trotz dieser Bestimmungen des Islam, ist die Tatsache, dass Menschen von einer Religion zu einer anderen konvertieren nicht zu leugnen. Beispiele von betroffenen Personen wurden in einem vorherigen Abschnitt gegeben. Die Schilderungen zeigen, dass ganz gleich wie hoch die Strafen sein mögen, Menschen sich nicht davon abhalten lassen, für sich den richtigen Weg im Glauben zu gehen. Nach Ali Y. gibt es etwa 250 zum Christentum konvertierte Türken allein in Europa, die er kennt. Die Statistik ist in diesem Bereich nicht durchsichtig. Zumal in islamischen Ländern noch hohe Strafen für die Abkehr existieren. Ali Y. berichtete von einem Iraner, der, wegen seiner Abkehr vom Islam, zum Tode verurteilt und aufgehängt wurde. Der Iraner war ein persönlicher Bekannter.

Auch gibt es Argumente, die die vorgesehene Todesstrafe für die Abkehr nicht auf den Koran zurückführen.

> „Die spätere muslimische Auffassung, daß der freiwillige [...] [Abfall] bei männlichen Erwachsenen mit dem Tode zu bestrafen sei, gründet sich in erster Linie auf außerkoranische Überlieferungen (Hadit)“[204]

Trotz des ganzen Für und Wider´s dienen die Vorgaben über die harte Bestrafung für die Abkehr, über die Prämissen der Bildung einer gemischt-religiösen Partnerschaft und über die Sicherung der Religionsfreiheit für Christen und Juden, insgesamt dem Zweck der Glaubenssicherung und der Erhaltung des Islams und sind darin begründet.

---

203 Ebd., S.60.

204 Maier 2001, S.2.

6 Zusammenfassung

Mit dieser Arbeit sollten nicht nur verschiedene Möglichkeiten der religiösen Bildung vorgestellt werden. Primär ging es um die Herausstellung der Bedeutung einer religiösen Bildung für die Integration, gestärkt durch den Erhalt dieser Vielfalt der Bildungsmöglichkeiten im religiösen Bereich. Schließlich kann festgestellt werden, dass ein aufgeklärtes Islamverständnis der Muslime, wie auch der Christen nicht nur die Integration stützt und den offenen Dialog untereinander fördert, sondern auch zum Abbau von gegenseitigen Vorurteilen und Stereotypen führt. Das interreligiöse, friedliche Miteinander steht bei allen aufgeführten Möglichkeiten der religiösen Bildung im Vordergrund.

Fortschrittlich ist die Abwendung der Politiker und des Islamrates von einer assimilierenden Integrationspolitik. Mittels Einbeziehung der Zuwanderer, der Berücksichtigung ihrer speziellen Bedürfnisse, entstehen Konzepte, die die Migranten als ganze Persönlichkeit integrieren wollen.

Die Feststellungen zur Religiosität der Muslime belegen, dass der Glaube im Leben eines Menschen eine zentrale Rolle einnimmt. Auch in einer Zeit, in der sich Menschen zunehmend in einer Orientierungslosigkeit befinden und sich zu einer Moral bekennen, die mit keiner Religion in Verbindung steht. Die religiöse Identität des Individuums soll für eine gesunde Persönlichkeitsentwicklung gestärkt und der Glaube der Gesellschaft erhalten bleiben. Die Suche der Menschen nach dem tiefen Sinn des Lebens und ihrer Grundlagen zur Gewährleistung eines friedlichen Zusammenlebens, stellen die Beständigkeit der menschlich moralischen Werteordnung, ob weltanschaulich oder religiös begründet, sicher. Die Frage nach der Existenz wird stets aktuell bleiben, solange es die Menschheit gibt.

Einige Hindernisse, die sich bei der Erstellung der Arbeit ergaben, galt es zu überwinden. Es gab Schwierigkeiten bei der Auffindung von Primärliteratur für einige Teilbereiche. Bei den Feststellungen zur Religiosität der Muslime, den verschiedenen Berichten und den Interviews mussten lange Kontakte gehalten werden, um für die Bereitschaft Persönliches öffentlich wiederzugeben, genügend Vertrauen zu gewinnen. Nicht einmal der persönliche Hintergrund der Verfasserin, der die Migration sowie den islamischen Glauben beinhaltet, konnte zuweilen die Angst der Personen in den Vereinen abbauen. Manch einer sah in ihr eine „Spionin“ für die Anderen. Wer aber sind die Anderen?! Es geht schließlich um die ganze Gesellschaft der Bundesrepublik Deutschland, von der die Muslime ein untrennbarer Teil geworden sind. Als ein Ganzes schließt sie jegliche Minderheiten mit ein und bemüht sich um die gemeinsamen Belange. Ziel ist nicht die Ausgrenzung der Minderheit, sondern eine

Abgrenzung und Klärung der Problembereiche sowie das Auffinden verschiedener, sich ergänzender Lösungswege.

Diese Bedenken, die wie eine Spirale auf jeder Ebene existiert haben, führten zu der sicheren Erkenntnis, dass trotz der langen Migrationsgeschichte und der u.a. damit einhergehenden Präsenz des Islams in der Bundesrepublik Deutschland sowie der Gegenwart des Christentums Berührungsängste (unabhängig vom Bildungsniveau) noch nicht überwunden sind.

Die Sicherung des Glaubens hat in einem säkularen Staat eine andere Basis als in einem totalitären. Aufschlussreich sind hierbei die weltlichen, wie die religiösen Gesetzesgrundlagen, die die Rechte und Pflichten der Menschen festlegen. Interessant sind deren sensiblen Interpretationen und Auslegungen, die zu unterschiedlichen Umsetzungen in verschiedenen Staaten und Bundesländern führen können. Diese Umsetzungen tragen große Verantwortung, denn sie haben eine wesentliche Bedeutung für den Erfolg der Integration und des anhaltenden Friedens.

Die Integration der Zuwanderer ist also ein langwieriger Prozess, der schrittweise Erfolge zeigt und im religiösen Bereich besondere Aufmerksamkeit verdient. Wichtig ist die Erkenntnis der Bedeutung der Frühzeitigkeit der religiösen Bildung, wie folgender Vergleich verbildlicht. Die Integration ist vergleichbar mit dem Bau eines Hauses, einer Brücke. Je stabiler das Fundament, die Pfeiler sind, desto länger währt die Zeit ihrer Nutzung, ihrer nachhaltigen Stabilität, von dem ein gewisser Schutz ausgeht, der Generationen begleitet und Witterungen überlebt.

In Abgrenzung der Möglichkeiten der religiösen Bildung, ergeben sich ihre Schwierigkeiten. Mangelnde Möglichkeiten im Bereich der religiösen Bildung können Muslime und Christen gleichermaßen zu Extremismus und Diskriminierung führen. Parallelgesellschaften können entstehen. An dieser Stelle gilt es, die Tendenzen zur Separation zu vermeiden und die Individualität in der Pluralität zu erhalten. Konsequenz sollte sein, dass für Erwachsene wie Kinder mit verschiedenen religiösen Hintergründen, im Rahmen des Grundgesetzes der Bundesrepublik Deutschland, die Möglichkeit zur religiösen Bildung gewährleistet ist.

Das wesentliche, für das Wohlbefinden des Menschen, ist, darin gestärkt zu werden, Werte und Traditionen erhalten und weitergeben zu können, ohne vom eigenen Wesen, von den eigenen Träumen Abstand nehmen zu müssen. Eine stabil entwickelte Persönlichkeit des Menschen leistet dies und schützt ihn vor negativen Einflüssen. Sie erhält Individualität des Individuums und fördert die gelungene Integration. Die gelungene Integration bietet dem fortschreitenden Menschen einen Ausweg zwischen den Wegen des Lebens. Es bietet die Möglichkeit, Irrwege zu erkennen, Umwege zu gehen und auf diesem Pfad seinem Ziel treu zu bleiben.

Die Thematik abrundende und inhaltlich treffende Formulierungen finden sich in den Gedanken von Johann Wolfgang von Goethe (1749-1832) und zu einem späteren Zeitpunkt von Christine Wunn wieder. Diese Dichtungen, die zum Nachdenken anleiten, möchte ich meinen Lesern abschließend mit auf den Weg geben.

Christine Wunn:

Sein

Mensch sein
Einfach sein
Niemand anders
Nur ich selbst
Mich nicht ändern müssen
Mich nicht selbst vermissen
Geliebt, geachtet, respektiert
Aufgefangen
Nicht gefangen
Einfach akzeptiert

Johann Wolfgang von Goethe:

> „Zwei Dinge sollen Kinder von ihren Eltern bekommen: Wurzeln und Flügel.“

7 Literaturverzeichnis

7.1 Monografien, Sammelbände

Aden-Grossmann, Wilma (2002): Kindergarten. Eine Einführung in seine Entwicklung und Pädagogik. Beltz Verlag, Weinheim und Basel.

Akbulut, Duran (2003): Türkische Moslems in Deutschland. Ein religionssoziologischer Beitrag zur Integrationsdebatte. Verlag Ulmer Manuskripte, Albeck bei Ulm.

Aries, Wolf D.: „Warum islamischer Religionsunterricht in Deutschland?". In: Jürgen, Heumann (Hrsg.) (1999): „Religion, Ethik, Philosophie in der multireligiösen Schule. Auf dem Weg zu Dialog und Integration.". Zentrum für pädagogische Berufspraxis. Universität Oldenburg.

Aries, Wolf D.: „Das Interesse des Islam an Art. 7 Abs. 3 des Grundgesetzes in Deutschland*" [*Statement/ Kurzvortrag auf der Jahrestagung des Arbeitskreises für Religionspädagogik 1997]. In: Jürgen, Heumann (Hrsg.) (1999): „Religion, Ethik, Philosophie in der multireligiösen Schule. Auf dem Weg zu Dialog und Integration.". Zentrum für pädagogische Berufspraxis. Universität Oldenburg.

Aslan, Adnan: Islamischer Religionsunterricht in Baden-Württemberg als wissenschaftliches Projekt. In: Urs Baumann (Hrsg.) (2002): Islamischer Religionsunterricht. Grundlagen, Begründungen, Berichte, Projekte, Dokumentationen. Verlag Otto Lembeck, Frankfurt am Main, 2001, 2.Auflage.

Ay, Mehmet Emin (2002): Ailede ve Okulda ideal din egitimi. Schriftenreihe Erziehung: 1, Bilge Verlag 9, Istanbul. 3.Auflage.

Balic, Smail (2001): Islam für Europa. Neue Perspektiven einer alten Religion. Böhlau Verlag, Köln, Weimar, Wien (Kölner Veröffentlichungen zur Religionsgeschichte, Bd.31).

Beyer, Renate (2000): Interreligiöser Dialog - Schlagwort oder Chance? Gütersloher Verlagshaus, Gütersloh.

Brüll, Christina (et. al.) (2005): Synagoge - Kirche - Moschee. Kulträume erfahren und Religionen entdecken. Kösel-Verlag GmbH & Co., München.

Bundesausschuss der CDU Deutschlands (Hrsg.) (2001): Zuwanderung steuern. Integration fördern. Union Betriebs - GmbH, Berlin, 7.Juni.

Die Kairoer Erklärung der Menschrechte im Islam. In: Gewissen und Freiheit (1991): 19.Jahrgang.

Die Konferenz der Vertreter der Regierungen der Mitgliedstaaten (Brüssel, den 29.Oktober 2004): Die Europäische Verfassung. Voltmedia GmbH, Paderborn.

Esposito, John L. (2004): Vom Kopftuch bis Scharia. Was man über den Islam wissen sollte. Aus dem Englischen übersetzt von Henning Thies. Für die deutschsprachige Ausgabe Reclam Verlag, Leipzig, 2003, 2.Auflage.

FDP-Bundestagsfraktion (2004): Migration und Integration. Ein liberales Konzept. Stand 30.November.

Forster, Martin: Allgemeine Islamische Menschenrechtserklärung. CIBEDO-Dokumentationen, Nr.15/16, Juni / September 1982.

Franger, Gaby (et. al) (Hrsg.) (1982): Ausländerkinder. Erziehungspraxis in den Kindergarten. Otto Maier Verlag, Ravensburg, 3.Auflage, 1980.

Grundgesetz der Bundesrepublik Deutschland (vom 23.Mai 1949, zuletzt geändert am 26.07.2002): Voltmedia GmbH, Paderborn.

Haller, Gret (2003): Die Grenzen der Solidarität. Europa und die USA im Umgang mit Staat, Nation und Religion. Aufbau-Verlag GmbH, Berlin, 3.Auflage, 2002. Haller zitiert Blanke, Gustav H.(1988): Das amerikanische Sendungsbewusstsein: Zur Kontinuität rhetorischer Grundmuster im öffentlichen Leben der USA.

Hierzenberger, Gottfried (2003): Der Glaube der Muslime. Topos plus Verlagsgemeinschaft, Kevelaer.

Höver, Gerhard: Menschenrechte - universales Ethos der modernen Welt. In: Johannes Schwartländer (1993): Freiheit der Religion. Christentum und Islam unter dem Anspruch der Menschenrechte. Matthias-Grünewald-Verlag, Mainz, Bd. 2.

Jungmann, Irmgard: Angst vor dem Islam? (Auszug). In: Siegfried Schulz (Hrsg.) (1997): Materialien. Der Islam: Christen begegnen Muslimen. Sekundarstufe I. Ernst Klett Verlag für Wissen und Bildung GmbH, Stuttgart, 1993, 5.Aufl.

Khoury, Adel Theodor / Hagemann, Ludwig / Heine, Peter (1999): Islam-Lexikon. Herder Verlag, Freiburg, überarbeitete Neuausgabe, Band 4753.

Khoury, Adel Theodor (2001): Der Islam und die westliche Welt. Religiöse und politische Grundfragen. Primus Verlag, Darmstadt.

Khoury, Adel Th. (2001): Der Islam. Sein Glaube, seine Lebensordnung, sein Anspruch. Herder Verlag, Freiburg im Breisgau, 1988, 6.Auflage.

Khoury, Adel Theodor (1991): Was ist los in der islamischen Welt? Die Konflikte verstehen. Verlag Herder, Freiburg im Breisgau.

Kreitmeir, Klaus (2002): Allahs deutsche Kinder. Muslime zwischen Fundamentalismus und Integration. Pattloch Verlag GmbH & Co. KG, München.

Krenzer, Rolf (1989): Glauben erlebbar machen. Spielgeschichten und Lieder zur religiösen Erziehung im Kindergarten. Herder Verlag, Freiburg im Breisgau, 1985, 4.Auflage.

Lutherisches Kirchenamt der Vereinigten Evangelisch-Lutherischen Kirche Deutschlands und das Kirchenamt der Evangelischen Kirche in Deutschland (Hrsg.) (2001): Was jeder vom Islam wissen muß. Gütersloher Verlagshaus GmbH, Gütersloh, 6., Überarbeitete Auflage, 1990.

Maier, Bernhard, (2001): Koran-Lexikon, Alfred Körner Verlag, Stuttgart, Taschenbuchausgabe; Bd: 348.

Materialien zur Abstimmung zwischen dem deutschen Regelunterricht und dem türkischen muttersprachlichen Zusatzunterricht. Im Auftrag des Ministeriums für Kultus und Sport zusammengestellt von der deutsch-türkischen Kommission in Baden-Württemberg, 1986.

Mayer, Wolf-Dieter (1987): Integration im Stadtteil. Möglichkeiten sozialer Intervention. Deutsche und Ausländer im Stadtteil - Integration durch den Kindergarten - Projekt Berlin Wedding. Verlag Schelzky & Jeep, Berlin.

Merad, Ali: Das islamische Bewußtsein vor dem Aufruf der Menschenrechte. In: Johannes Schwartländer (1993): Freiheit der Religion. Christentum und Islam unter dem Anspruch der Menschenrechte. Matthias-Grünewald-Verlag, Mainz, Bd. 2.

Merad, Ali: Zur „Allgemeinen Islamischen Menschenrechtserklärung". In: Johannes Schwartländer (1993): Freiheit der Religion. Christentum und Islam unter dem Anspruch der Menschenrechte. Matthias-Grünewald-Verlag, Mainz, Bd. 2.

Müller, Peter (2005): Probleme bei der Entwicklung eines Curriculums Islamischer Religionsunterricht. Unveröffentlichter Aufsatz.

Müller, Peter: (Religions-) Pädagogische Überlegungen. In: Urs Baumann (Hrsg.) (2002): Islamischer Religionsunterricht. Grundlagen, Begründungen, Berichte, Projekte, Dokumentationen. Verlag Otto Lembeck, Frankfurt am Main, 2001, 2.Auflage.

Raack, Wolfgang / Doffing Regina / Raack Martin (2003): Recht der religiösen Kindererziehung. Unser Kind und seine Religion. Deutscher Taschenbuch Verlag GmbH & Co. KG, München.

Redaktion Schule und Gesellschaft (Hrsg.) (2001): Schülerduden. Politik und Gesellschaft. Dudenverlag, Mannheim, 4. völlig neubearbeitete Auflage.

Religionsgemeinschaft des Islam LV Baden-Württemberg [Islam Dini Toplumu] (1998): Innenansichten. Kleiner Moscheeführer. Basis-Verlag, Stuttgart.

Schaub, Horst / Zenke, Karl G. (1997): Wörterbuch Pädagogik. Deutscher Taschenbuchverlag GmbH & Co KG, München 1995. 2.Auflage.

Schmiede, H. Achmed (1987): „Kleines Lehrbuch des Islam": Schriftenreihe der Türkisch-Islamischen Union der Anstalt für Religion e.V., Nr. 3, Gestaltet nach einem Werk von Ahmed Hamdi Akseki. Ankara.

Schneider, Karl: „Islamischer Religionsunterricht an staatlichen Schulen in Baden-Württemberg." In: Urs, Baumann (Hrsg.) (2002): Islamischer Religionsunterricht. Grundlagen, Begründungen, Berichte, Projekte, Dokumentationen. Verlag Otto Lembeck, Frankfurt am Main, 2001, 2.Auflage.

Schweizer, Gerhard (2003): Islam und Abendland. Geschichte eines Dauerkonflikts. Klett-Cotta Verlag, Stuttgart, 2. erweiterte und aktualisierte Auflage, 1995.

Tibi, Bassam (1996): Im Schatten Allahs. Der Islam und die Menschenrechte. R. Piper GmbH & Co. KG, München, 1994, Erweiterte Taschenbuchausgabe.

Ullmann, Ludwig (1986): Der Koran. Das heilige Buch des Islam. Wilhelm Goldmann Verlag, München, 1959, 16.Aufl..

Yölek, Hasiybe (2000): Die Förderung der Muttersprache von Immigranten. Am Beispiel türkischer Nachmittagsschulen. Tectum Verlag, Marburg.

7.2 Internetpublikationen

Bezugnahmen auf das Christentum im Schulrecht der Bundesländer. Baden-Württemberg (30.01.2004): URL: http://www.ulrichrhode.de/lehrv/stkr/schulrecht.pdf [Stand: 21.12.2005].

Christlicher Glaube und Islam. Erklärung der Lausanner Bewegung Deutschland. URL: http://www.lausannerbewegung.de [Stand: 02.12.2005]

Freitagspredigt. Unsere religiösen Feste und das Opferfest. Die Predigtkommission. DITIB Köln. URL: http://www.ditib.de/media/Image/hadis/hutbe_08122008_de.pdf [Stand: 08.12.2008]

Ghulam-D. Totakhyl, Generalsekretär: Forum Islam in Deutschland (15. Juni 1999): Anhörung der CDU/CSU Fraktion. Stellungnahme des Islamrates für die BRD. URL: http://www.islamrat.de [Stand: 12.12.2005]

Hans Maier, Staatminister a. D. und Mitglied im Zdk (16.12.2003): Ausgabe: 9.Jg., Nr.6. URL: http://www.zdk.de, [Stand: 02.12.2005].

Moschee. Der Imam der Moschee. URL: http://www.civh.de [Stand 29.12.2005]

Integration: URL: http://www.spdfraktion.de [Stand: 09.12.2005]

Islamischer Religionsunterricht. URL: http://www.gew-bw.de/Islamischer_Religionsunterricht.html [Stand: 22.11.2005].

Islamischer Religionsunterricht: Stand der Diskussion zur Einführung an den Schulen in Baden-Württemberg. URL: http://www.trans parenz.nl/einfru.htm [Stand: 22.11.2005].

Islamrat für die Bundesrepublik Deutschland. Pressemitteilungen. Konsequent für Integration. Köln (19.11.2004): URL: http://www.islamrat.de [Stand: 11.12.2005]

Pädagogisches Konzept des Halima Kindergarten e.V.: URL: http://www.halima-kindergarten.de [Stand: 24.05.2005].

Programm „Chance durch Bildung - Investitionsoffensive Ganztagsschule“ beschlossen. Land und Kommunen investieren eine Milliarde Euro in Ganztagsschulen (25.10.2005): URL:http://www.fdp-bw.de/pressenum.php3?num=1241 [Stand: 22.112005].

SPD Bundestagsfraktion (03.12.2004): Zuwanderungsgesetz: Integration. URL: http://www.spdfraktion.de [Stand: 09.12.2005]

7.3 Pressemitteilungen

Presseinformation Bündnis 90/ die Grünen, MdL Winfried Kretschmann Fraktionsvorsitzender (2004): Islam in Deutschland - Religion, Normalität und Integration. Pressekonferenz 07.Dezember.

Pressemitteilung des Ministeriums für Kultus, Jugend und Sport von Baden-Württemberg vom 15.März 2005: E-mail der Pressestelle: vom 29.04.2005.

7.4 Dokumentarische Filmaufnahme der Führungen auf DVD:

Titel:

Eine kurze Führung
durch die Kultgebäude der monotheistischen Religionen:
die Moschee, die Kirche, die Synagoge.

Drehorte:

- **Gelände des Gebetsraumes, die durch die Gastarbeiter eingerichtet wurde.**

Ursprünglich: Barackensiedlung der in den 60´er Jahren untergebrachten Gastarbeiter.

Heute: Wohnheime für Asylsuchende.

79618 Rheinfelden Baden

- **Alperenler Moschee Rheinfelden**

DITIB Türkisch-Islamische Gemeinde e.V

Schafmatt 12

79618 Rheinfelden/Baden

- **Katholische Kirche St. Elisabeth/**

Katholische Pfarrämter

Südend-39

76137 Karlsruhe

- **Israelitische Religionsgemeinschaft Badens**

Jüdische Gemeinde

Knielinger Allee 11

76133 Karlsruhe

An der Führung beteiligte Ansprechpartner in den Kultgebäuden:

- Herr Ahmet Cidem: Imam der Alperenler Moschee.

  Herr Bayram Kenan: Zweiter Vorsitzender der türkisch-islamischen Gemeinde e.V. Rheinfelden.

  Herr Ömer Dagtekin: Gemeindemitglied der Alperenler Moschee.
- Frau Zimmer: Messnerin der Kirche.
- Herr Kovinatsky: Sozialarbeiter der Synagoge.

Regie und Leitung der Führung:

- Frau Hasiybe Yölek-Cantay

Kameramann/ Kamerafrau:

- Herr Kazim Yölek (Moschee),
- Frau Hasiybe Yölek-Cantay (Kirche, Synagoge)

Filmbearbeitung:

- Herr Bilent Cantay,
- Frau Hasiybe Yölek-Cantay
- Herr Vogel: Audiovisuelles Zentrum der Pädagogischen Hochschule Karlsruhe

Informationsquellen der inhaltlichen Auskünfte der Dokumentation:

- Frau Zimmer (Messnerin), Herr Ahmet Cidem (Imam), Herr Kovinatsky (Sozialarbeiter)
- URL: http://www.civh.de/geschichte-moschee.html [Stand: 29.12.2005]
- Christina Brüll (et.al.) (2005): Synagoge - Kirche - Moschee. Kulträume erfahren und Religionen entdecken. Kösel-Verlag GmbH & Co., München.

8 Verzeichnis der Bilder, Grafiken und Tabellen

8.1 Bilder

8.2 Grafiken

8.3 Tabellen

9 Anhang

9.1 Fragebögen zur Religiosität der Muslime

9.1.1 Religiöser Bildungsstand und Religiosität - Feststellungen in der Begegnung mit Erwachsenen

Religiöser Bildungsstand und Religiosität
- Feststellungen in der Begegnung mit Erwachsenen

Informationen zur Person: □ männlich □ weiblich □ arabischsprachig □ nicht arabischsprachig

Nationalität	Herkunftsland	Alter	Aufenthaltsdauer in der BRD	Beruf

Religionszugehörigkeit des Ehepartners:
□ Moslem □ Christ □ Sonstiges: ______

Religionszugehörigkeit der Kinder:
Bitte jeweils ankreuzen und falls sie verschieden sein sollte, diese bitte angeben!

Religionszugehörigkeit:	*1. Kind*	*2. Kind*	*3. Kind*	*4. Kind*	*5. Kind*	*6. Kind*
Moslem						
Christ						
Jude						
Andere						
keine						

==

1. Legen Sie Wert auf eine religiöse Erziehung?
Ja: □ Nein: □
Begründung:

______

______

______

2. Wo und wie erhält ihr Kind religiöse Erziehung und / oder religiöse Bildung?

□ in gar keiner Form.
□ Zuhause, in familiärer Umgebung.
□ Im Korankurs der Moschee.
□ Im freiwilligen, muttersprachlichen Unterricht (Din Kültürü ve Ahlak Bilgisi)
□ Im Regelunterricht der Schule.
□ Sonstiges: ______

3. Wo und wie haben Sie religiöse Erziehung und / oder religiöse Bildung erhalten?

□ in gar keiner Form.
□ Zuhause, in familiärer Umgebung.
□ Im Korankurs der Moschee.
□ Im freiwilligen, muttersprachlichen Unterricht (Din Kültürü ve Ahlakbilgisi)
□ ich habe die arabische Schrift erlernt.
□ Im Regelunterricht der Schule habe ich religiöse Bildung erfahren:
  □ im Herkunftsland
  □ in der BRD
□ Sonstiges: ______

4. Ich lege Wert darauf, daß meine Kinder:

□ selbst entscheiden was sie erfüllen können und wollen.
□ die religiösen Pflichten kennen
□ die Gründe der religiösen Pflichten kennen
□ die religiösen Pflichten umsetzen,
soweit es nach ihren Alter von ihnen gefordert ist:
  □ beten
  □ fasten
  □ Kopftuch tragen
  □ Kleidungsvorschriften beachten
□ die arabische Schrift erlernen.
□ den Korankurs besuchen.
□ das religiös-soziale Leben in einer kulturellen Umgebung und/ oder in der Moschee kennen lernen.
□ im Regelunterricht der Schule religiöse Bildung erfahren können.
□ Sonstiges: ______

5. Welche religiösen „Pflichten“ erfüllen Sie selbst?

- □ tägliche Gebete
- □ Freitagsgebet
- □ Fasten
- □ Almosensteuer geben
- □ Pilgerfahrt nach Mekka
- □ Kopftuch tragen
- □ Kleidungsvorschriften beachten
- □ Auf den Genuss von Alkohol verzichten.
- □ Auf den Genuss von Schweinefleisch verzichten.

6. Welche Inhalte des Koran sind Ihnen besonders wichtig?

____

____

____

____

7. Was beeindruckt Sie am Leben Mohammeds am meisten?

____

____

____

____

8. Welche Ereignisse aus der Geschichte des Islam fallen Ihnen ein?

____

____

____

____

9. Welche Rechte und Pflichten der Frau und des Mannes im Islam sind Ihnen bekannt?

Die Pflichten der Frau sind:

____

____

____

Die Pflichten des Mannes sind:

____

____

____

□ die Rechte und Pflichten der Geschlechter sind mir bekannt:
- □ aus dem Koran und / oder den Hadithen des Propheten
- □ durch überlieferte Tradition und vermitteltem Familienleben

□ ich kenne keine spezifischen Rechte und Pflichten der Geschlechter

10. Warum wird im Islam gefastet?
Welche Gründe befreien von der Pflicht zu fasten?

____

____

____

____

____

Fasten Sie? □ Ja

□ Nein, weil: ______________________________

11. Aus welchem Grund opfert man ein Tier im Islam?
Welche Tiere kommen, **warum** als Opfer in Frage?

Opfern Sie auch ein Tier zum Festtag? ☐ Ja

☐ Nein, weil: ____________________

12. Aus welchem Grund ist der Genuss von Alkohol im Islam untersagt?

13. Warum darf man kein Schweinefleisch essen?

14. Wie beurteilen Sie die Aktualität und/ oder die Gültigkeit der religiösen Pflichten?

15. Spüren Sie eine Entfremdung ihrer Kinder von der Religion

Ja: ☐ Nein: ☐

Begründung Sie ihre Aussage! Warum, wodurch, wieso?

16. Was halten Sie von der religiösen Erziehung in einer säkularen Gesellschaft (säkular = Religion und Politik sind voneinander getrennt)?

17. Der Islam ist mir eine Orientierung, eine Hilfe und gibt mir Halt in meinem Leben.

Ja: ☐ Nein: ☐

Begründen Sie ihre Aussage! Warum und in welchen Bereichen?

18. Man ist als Moslem gezwungen, auf die Erfüllung mancher religiösen Pflichten zu verzichten, um keine Nachteile aufgrund der Religionszugehörigkeit zu erfahren.

Ja: ☐ Nein: ☐

Begründen Sie ihre Aussage! In welchen Bereichen und weshalb?

19. Medien (Fernsehen, Zeitungen usw.) beeinflussen das Bild, die andere Menschen über die Moslems haben.
    Welchen Einfluss hat diese Tatsache auf das Zusammenleben?

20. Der Islam wird im Vergleich zu anderen Religionen als eine rückständige Religion gesehen, der den Fortschritt behindert.
    Wie beurteilen Sie als Moslem diese Behauptung?

9.1.2 Religiöser Bildungsstand und Religiosität - Feststellungen in der Begegnung mit Studenten

Informationen zur Person: □ männlich □ weiblich □ arabischsprachig □ nicht arabischsprachig

Nationalität	Herkunftsland	Alter	Aufenthaltsdauer in der BRD	Beruf/ Studienrichtung

Ich bin Student/ Studentin der:

□ Universität Karlsruhe (TH) □ Fachhochschule Karlsruhe □ Pädagogischen Hochschule Karlsruhe □ Sonstiges: ____________

Ich bin:

□ Bildungsinländer [Abitur in der BRD erworben.]
□ Bildungsausländer [Abitur im Ausland erworben.]

==

1. Eine religiöse Erziehung ist im Leben unabdingbar?

Ja: □ Nein: □

Begründung:

____

____

2. Wo und wie haben Sie religiöse Erziehung und / oder religiöse Bildung erhalten?

□ in gar keiner Form.
□ Zuhause, in familiärer Umgebung.
□ Im Korankurs der Moschee.
□ Im freiwilligen, muttersprachlichen Unterricht (Din Kültürü ve Ahlak Bilgisi)
□ ich habe die arabische Schrift erlernt.
  □ Im Regelunterricht der Schule habe ich religiöse Bildung erfahren:
  □ im Herkunftsland
  □ in der BRD

□ Sonstiges:

____

3. Welche religiösen „Pflichten" erfüllen Sie?

□ tägliche Gebete
□ Freitagsgebet
□ Fasten
□ Almosensteuer geben
□ Pilgerfahrt nach Mekka
□ Kopftuch tragen
□ Kleidungsvorschriften beachten
□ Auf den Genuss von Alkohol verzichten.
□ Auf den Genuss von Schweinefleisch verzichten.

4. Kinder sollten:

□ selbst entscheiden was sie erfüllen können und wollen.
□ die religiösen Pflichten kennen
□ die Gründe der religiösen Pflichten kennen
□ die religiösen Pflichten umsetzen,
soweit es nach ihren Alter von ihnen gefordert ist:
  □ beten
  □ fasten
  □ Kopftuch tragen
  □ Kleidungsvorschriften beachten
□ die arabische Schrift erlernen.
□ den Korankurs besuchen.
□ das religiös-soziale Leben in einer kulturellen Umgebung und/ oder in der Moschee kennen lernen.
□ im Regelunterricht der Schule religiöse Bildung erfahren können.
□ Sonstiges:

____

5. Welche Inhalte des Koran sind Ihnen besonders wichtig?

____

____

____

____

6. Was beeindruckt Sie am Leben Mohammeds am meisten?

7. Welche Ereignisse aus der Geschichte des Islam fallen Ihnen ein?

8. Welche Rechte und Pflichten der Frau und des Mannes im Islam sind Ihnen bekannt?

Die Pflichten der Frau sind:

Die Pflichten des Mannes sind:

□ die Rechte und Pflichten der Geschlechter sind mir bekannt:
- □ aus dem Koran und / oder den Hadithen des Propheten,
- □ durch überlieferte Tradition und vermitteltem Familienleben.

□ ich kenne keine spezifischen Rechte und Pflichten der Geschlechter.

9. Warum wird im Islam gefastet?
Welche Gründe befreien von der Pflicht zu fasten?

Fasten Sie? □ Ja

□ Nein, weil: ______

10. Aus welchem Grund opfert man ein Tier im Islam?
Welche Tiere kommen **warum** als Opfer in Frage?

Opfern Sie auch ein Tier zum Festtag? □ Ja

□ Nein, weil: ______

11. Aus welchem Grund ist der Genuss von Alkohol im Islam untersagt?

12. Warum darf man kein Schweinefleisch essen?

13. Wie beurteilen Sie die Aktualität und/ oder die Gültigkeit der religiösen Pflichten?

14. Spüren Sie eine Entfremdung der Jugend von der Religion?

Ja: □ Nein: □

Begründung Sie ihre Aussage! Warum, wodurch, wieso?

15. Was halten Sie von der religiösen Erziehung in einer säkularen Gesellschaft (säkular = Religion und Politik sind voneinander getrennt)?

16. Der Islam ist mir eine Orientierung, eine Hilfe und gibt mir Halt in meinem Leben.

Ja: □ Nein: □

Begründen Sie ihre Aussage! Warum und in welchen Bereichen?

17. Man ist als Moslem gezwungen, auf die Erfüllung mancher religiösen Pflichten zu verzichten, um keine Nachteile aufgrund der Religionszugehörigkeit zu erfahren.

Ja: □ Nein: □

Begründen Sie ihre Aussage! In welchen Bereichen und weshalb?

18. Medien (Fernsehen, Zeitungen usw.) beeinflussen das Bild, die andere Menschen über die Moslems haben. Welchen Einfluss hat diese Tatsache auf das Zusammenleben?

19. Zunehmend wird der Dialog zwischen Christen und Moslems gefordert. In welcher Weise sollte der Dialog geleistet werden, um seine Effektivität zu steigern?

9.1.3 Religiöser Bildungsstand und Religiosität - Feststellungen in der Begegnung mit Jugendlichen

Informationen zur Person des Schülers, der Schülerin:

Alter: ____ Klasse: ____ Nationalität: __________ Herkunftsland: __________

☐ männlich ☐ arabischsprachig
☐ weiblich ☐ nicht arabischsprachig

Nationalität	Vater	Mutter	Schülerin
Religion			
ohne Zugehörigkeit			

1. Wie unterscheiden sich Christen und Moslems?

2. Welche Pflichten, Aufgaben oder Gebote der Moslems sind dir bekannt?

3. Welche Pflichten, Aufgaben oder Gebote erfüllst du?

   Begründe deine Aussage!

4. Kennst du die Bedeutungen der Suren, die während des Gebets auf arabisch gesprochen werden?

   ☐ ja ☐ nein ☐ von wenigen

5. Warum wird im Islam gefastet?

   Fastest du? ☐ Ja

   ☐ Nein, weil: ____________________

6. Aus welchem Grund opfert man ein Tier im Islam?

7. Aus welchem Grund ist der Genuss von Alkohol im Islam untersagt?

8. Warum darf man kein Schweinefleisch essen?

9. Frauen sollten im Islam ein Kopftuch tragen.

Trägst du ein Kopftuch? ☐ ja ☐ nein ☐ manchmal

Schreibe auf, weshalb?

____

____

____

____

____

10. Erschwert dir deine Religion das Zusammenleben mit anderen Menschen (Freunde, Bekannte, Verwandte, Klassenkameraden und / oder andersgläubige Personengruppen)?

____

____

____

____

____

11. Medien (Fernsehen, Zeitungen usw.) beeinflussen das Bild, die andere Menschen über die Moslems haben. Welchen Einfluss hat diese Tatsache auf das Zusammenleben?

____

____

____

____

Sehr geehrte Eltern, 04.07.2005

ich studiere an der Pädagogischen Hochschule Karlsruhe und mache im Rahmen meiner Diplomarbeit mit dem Thema:

„Integration ohne Religionsverlust"

eine anonyme Befragung. Der Fragebogen enthält elf Fragen zum religiösen Bildungsstand moslemischer Schüler der Klassen sieben bis neun.

Die Genehmigung des Oberschulamtes liegt vor. Ich bitte Sie um ihr Einverständnis, dass ihr Kind an dieser Befragung teilnehmen darf.

Mit freundlichem Gruß

Hasiybe Yölek-Cantay

==============

Mein Kind:

darf teilnehmen: darf nicht teilnehmen:

________ ________

9.2 Interviewleitfäden

9.2.1 Das Interview mit der Leiterin des Halimakindergartens

Zweck des Interviews ist die Darstellung von Institutionen religiöser Bildung als wesentlicher Teil zur „Identitätsfindung und Integration durch religiöse Bildung" bei Muslimen mit Migrationshintergrund.

==

Leitfaden für das Interview mit der Leiterin *13.05.2005*

des Halimakindergartens

Frau Mirella _____________ *Gesprächsdauer: 9.00Uhr-_______Uhr*

Das Pädagogische Konzept:

1. Wann wurde der Halimakindergarten gegründet?
2. Was waren die Beweggründe zur Gründung eines islamischen Kindergartens?
3. Welches Pädagogische Konzept hat der Halimakindergarten?
4. Welche Vorteile hat dieses Konzept für den Bildungsweg islamischer Kinder in der BRD?
5. Wie unterscheidet sich das Konzept von einem christlichen Kindergarten?

Die Leitung / die Erzieher:

6. Haben Sie zuvor einen christlichen Kindergarten geleitet?
7. Wie lange?
8. Welche Religionszugehörigkeit, welche nationale Herkunft haben sie?
9. Welche Religionszugehörigkeit, welche nationale Herkunft haben die Erzieher?
10. Welche Religiöse Bildung haben sie und welche die Erzieher?
11. Mussten sie Zusatzkompetenzen haben oder lediglich der Religion Islam zugehörig sein?

Die Eltern:

12. Welches Elternprofil bevorzugt diesen Kindergarten?
13. Aus welchen Gründen wird dieser Kindergarten bevorzugt?
14. Die Kindergartenkinder:
15. Wie ist die Zusammensetzung der Kinder nach der Religionszugehörigkeit?

16. Wie ist die Zusammensetzung der Kinder nach der Nationalität?
17. Wie viele Kinder stammen aus Bireligiösen Familien?
18. Wie viele Kinder stammen aus Binationalen Familien?
19. Können christliche Kinder diesen Kindergarten besuchen?
20. Hätten diese Kinder hier Benachteiligungen?

Die Religiöse Erziehung:

21. Wie erfolgt die religiöse Erziehung? Auf was wird dabei besonders Wert gelegt?
22. Wird auf die islamische Gruppenzugehörigkeit [Sunniten, Schiiten, Aleviten] eingegangen?
23. Werden sie unterschieden?
24. Wie ist der Tagesablauf geregelt?
25. Wie ist der Wochenablauf geregelt?
26. Welche positiven wie negativen Erfahrungen haben sie gesammelt?

Die Öffentlichkeitsarbeit:

27. Wie erfolgt die Öffentlichkeitsarbeit?
28. Welche Inhalte, Zielgruppen und Zwecke sind vorrangig?
29. Wie schätzen sie die Zukunftsperspektiven bezüglich der Einführung islamischer Kindergärten ein?

Ergänzungen / Hinweise durch die Leitung:

9.2.2 Das Interview mit dem Imam der An-Nur Moschee

Alter:_______ Nationalität:_______________

Funktion in der Moschee: Imam

Beruflicher Werdegang:

Persönliche zusätzliche Aktivitäten:

Die Religiöse Erziehung

1. Zu welchem Zeitpunkt und wie sollte die religiöse Erziehung im Islam erfolgen? (Verse im Koran).
2. Gibt es Unterscheidungen zwischen Jungen und Mädchen?

3. Wie wird die religiöse Erziehung durch die An-nur Moschee gefördert?
4. Welche Aktionen gibt es? Für Kinder und Jugendliche sowie für Erwachsene?
5. Gibt es Korankurse?
6. Welche Inhalte und welche Funktion haben die Korankurse? Für Arabischsprachige Kinder bzw. für nicht arabischsprachige Kinder?

Es gibt bei den Türken DITIB, die türkisch Islamische Union der Anstalt für Religion e.V., die sich um die religiösen, kulturellen und sozialen Bedürfnisse der Gemeinschaft der Muslime kümmert. Dies erfolgt in Zusammenarbeit mit dem Dachverband und der Abteilung für Religion im türkischen Generalkonsulat Karlsruhe. Die Imams von DITIB werden vom türkischen Staat entsandt und bezahlt.

7. Gibt es bei anderen Muslimen auch Religionsattachés?
8. Welche Aufgabenbereiche, Ziele und Zielgruppen haben diese bei den Arabern?
9. Wenn es eine solche Organisation nicht gibt? Welche andere Alternative gibt es, zur Deckung der Bedürfnisse?

9.2.3 Das Interview mit dem ehemaligen Religionsattaché

Der Religionsattaché

1. Allg. Informationen zur Person des Religionsattachés, zu seiner Bildung.
2. Von welcher Organisation der Türkei wurden sie beauftragt?
3. Wer legt die Aufgaben, die Ziele fest.
   Haben sie sich in den vergangenen Jahren verändert?
4. Welche Zielgruppen haben sie und wie steht es mit ihrer Erreichbarkeit?
5. Können sie mir Angaben über ihre Aufgabenbereiche
   und die Anstellungsdauer geben?
6. Möchten sie noch Informationen oder Vorstellungen ergänzen?

9.3 Leitfäden für die Erstellung eines Erfahrungsberichts

9.3.1 Der Religionswechsel

Sehr geehrte Damen und Herren, 12.05.2005

im Rahmen meiner Diplomarbeit zum Thema: „Identitätsfindung und Integration durch religiöse Bildung bei Jugendlichen mit Migrationshintergrund" untersuche ich Einflussfaktoren, die zur Besinnung auf die eigene Religion führen, die von den Religionen der Eltern verschieden sein kann.

Damit ich Feststellungen erheben kann, welche Faktoren hier besonders vordergründig sind, erbitte ich von Ihnen als Betroffene die Erstellung eines Berichtes über ihre Erfahrungen, welches mich in meinen Untersuchen weiterbringen würde. Selbstverständlich erfolgt die Berichtauswertung anonym und verpflichtet zu keiner Angabe von Vornamen, Nachnamen und genauen Geburtsdaten.

Um Ergebnisse jedoch korrekt einordnen zu können sind bestimmte allgemeinere persönliche Angaben dem Bericht vorzustellen und bitte mitzuteilen.

Folgende Fragen können als Hinweis bei der Erstellung des Berichtes dienlich sein.

Ich bitte um möglichst vollständige Bearbeitung und freue mich über persönliche freiwillige Ergänzungen.

Hinweise zur Erstellung des Berichtes:

Ursprüngliche Religionszugehörigkeit: ________________.
Neue Religionszugehörigkeit: ________________.

Zur Familie:
Herkunft, Religionszugehörigkeit und Bildungsstand der Mutter. Herkunft, Religionszugehörigkeit und Bildungsstand des Vaters. Anzahl der Geschwister.

Biographische Angaben zur Betroffenen Person:
Alter, Geschlecht, Bildungsstand, Bildungsweg, kurze Lebensgeschichte/ Migrationsgeschichte, Aufenthaltsstatus (eingebürgerte deutsche, deutsche oder andere Aufenthaltstitel), Zeitpunkt des Wechsels war im Alter von.

Wie erfolgte die religiöse Erziehung im Elternhaus? Auf was wurde Wert gelegt?
Wie war das Leben im Islam / im Christentum? War sie mit Traditionen geprägt oder begründet auf Sachwissen? War es mit Ritualen verbunden?

Wo und in welcher Form begann die Entfremdung vom Islam / vom Christentum?
Was bewirkte die Hinwendung zur anderen Religion? Schlüsselerlebnis, Begegnungen vor und nach dem Übertritt. Wie lange dauerte die Entscheidungsphase und was bewirkte schließlich die Entscheidung?

Wie war die Reaktion des Umkreises? Wurde der Wechsel geheim gehalten? Hatte jemand Verständnis? Gab es ablehnende Verhaltensweisen? Wie drückte sich dies aus? Hat die Zeit eine Akzeptanz bewirkt? Scheiterungsgründe?

Wie wird die neue Religion jetzt gelebt? Ist die Religiosität tatsächlich intensiver? Gibt oder gab es Momente in denen man den Wechsel bereut oder bereut hat? Was bewirkte dies? Auf was musste man verzichten? Wurden Erwartungen erfüllt?

Mit freundlichen Grüßen und in Dankbarkeit für die Mitarbeit

Diplompädagogikstudentin der Pädagogischen Hochschule Karlsruhe
Hasiybe Yölek-Cantay [Welfenstr. 30, 76137 Karlsruhe; 0721 / 130 57 36]

9.3.2 Die religiöse Erziehung in gemischt-religiösen Partnerschaften

Zur Familie:

- Herkunft, Religionszugehörigkeit und Bildungsstand der Mutter:
- Herkunft, Religionszugehörigkeit und Bildungsstand des Vaters:
- Anzahl und Religionszugehörigkeit der Kinder:

Zur Religiosität der Eltern:

- Wie erfolgte die religiöse Erziehung im Elternhaus?
- Auf was wurde Wert gelegt?
- War das religiöse Leben mit Traditionen geprägt?
- Welche Rituale wurden eingehalten?
- Wo und in welcher Form haben sie Sachwissen über ihre Religion erworben?

Zur Religiosität der Kinder:

- Legen Sie Wert auf eine Religiöse Erziehung ihrer Kinder?
- Welches Ziel haben sie dabei?
- Ja, weil:
- Nein, weil:
- Wo und wie erhält ihr Kind religiöse Erziehung?
- Welche Rituale haben sie? Welche feste werden gefeiert?
- Wann haben sie mit ihrem Partner
  über die religiöse Erziehung ihrer Kinder gesprochen?
- Auf was haben sie sich geeinigt?

9.4 Briefe

9.4.1 Für das Interview mit der Ministerialrätin Frau Barbara Lichtenthäler

Sehr geehrte Frau Dr. Lichtenthäler, 19.05.2005

ich bin gerade dabei an meiner Diplomarbeit zum Thema

„Integration ohne Religionsverlust"

zu schreiben. Diese Arbeit beinhaltet das Kapitel:

„Islam im Regelunterricht der allgemeinbildenden Schulen am Beispiel der Einführung in Baden-Württemberg".

Die Einführung des islamischen Religionsunterrichtes in Baden-Württemberg soll ein inhaltlicher Schwerpunkt in Kapitel 4 sein. Zu folgenden Punkten Benötige ich Informationen, die leider noch nicht veröffentlicht sind.

Ich bitte sie um einen Interviewtermin, in dem sich auf folgende Fragen Antworten finden sollen.

Allgemeine Informationen:

Alter: ____ Geschlecht: weiblich.

Beruflicher Werdegang?

Welche Zuständigkeitsbereiche haben Sie im Kultusministerium?

Wie lange sind sie schon mit diesem Thema konfrontiert und beschäftigen sich damit?

Die Schulen

An welchen Schulen wird der islamische Religionsunterricht konkret eingeführt?

An wie vielen Grundschulen bzw. weiterführenden Schulen, an welcher Art von weiterführenden Schulen erfolgt die Einführung [Grundschule/ Hauptschule/ Realschule/ Gymnasium]?

Nach welchen Kriterien erfolgte die Wahl der Schulen?

Warum wird der islamische Religionsunterricht nicht in ganz Baden-Württemberg eingeführt?

Die inhaltlichen Schwerpunkte:

Welche Themen sind die inhaltlichen Schwerpunkte in den jeweiligen Klassenstufen des Lehrplans zum Islamunterricht?

Warum sind diese Schwerpunkte wichtig und andere nicht?

Wer legte die Schwerpunkte fest? Gibt es eine Ablehnung oder eine absolute Zustimmung von verschiedenen Seiten zu der Wahl?

Ist der Religionsunterricht konfessioneller Art?

Die Steuerungsgruppe

Welche Aufgabe hat die Steuerungsgruppe? Seit wann besteht sie?

Wie viele Mitglieder hat die Steuerungsgruppe zur Einführung des islamischen Religionsunterrichts?

Wer ist freiwillig nicht beteiligt oder ausgeschlossen? Welche Gründe bestehen dazu?

Wie wurden die Mitglieder der Steuerungsgruppe festgelegt, welche religiösen Gruppen, Staatsangehörigkeiten sind als Vertreter beteiligt?

Die Lehrer

Nach welchen Kriterien werden die Lehrer ausgewählt, die den islamischen Religionsunterricht unterrichten sollen?

Welche Qualifizierung ist Voraussetzung für die Lehrer?

Wie erfolgt eine Qualifizierung? Gibt es Vorbereitungskurse, Fortbildungsmaßnahmen?

Welche Inhalte haben diese Fortbildungsmaßnahmen?

Wo finden diese Fortbildungsmaßnahmen statt [Universität?!]?

Durch wen werden Fortbildungsmaßnahmen durchgeführt [Islamischer Theologe?!]?

Wie lange ist die Dauer einer Fortbildung?

Haben die Fortbildungen begonnen?

Die Hürden der Einführung

Wie soll die Umsetzung der Einführung des islamischen Religionsunterrichts konkret aussehen?

Wer hat die Kontrollfunktion bei der Umsetzung und Durchführung des islamischen Religionsunterrichtes?

Welche Schwierigkeiten ergaben sich bei der Planung der Umsetzung?

Welche Lösungen haben sich gefunden?

Ergänzungen

Für Ergänzungen und Hinweise die von Bedeutung sind und meinerseits nicht aufgeführt wurden bin ich sehr dankbar.

Eine große Freude wäre es für mich, wenn Sie mir die Möglichkeit geben könnten, dieses Interview mit Ihnen durchführen zu können.

Mit freundlichen Grüßen

Hasiybe Yölek-Cantay

9.4.2 Genehmigung des Regierungspräsidiums für die Befragung an weiterführenden Schulen der Städte Karlsruhe und Ettlingen

REGIERUNGSPRÄSIDIUM KARLSRUHE
Schule und Bildung

Regierungspräsidium Karlsruhe · 76247 Karlsruhe

Frau
Hasiybe Yölek-Cantay

Karlsruhe, 08.07.2005
Durchwahl:
Name:
Gebäude:
Aktenzeichen:

Ihr Antrag auf Genehmigung zur Durchführung einer Umfrage

Sehr geehrte Frau Yölek-Cantay,

wir genehmigen Ihnen hiermit nach der Verwaltungsvorschrift über Werbung, Wettbewerbe und Erhebungen in Schulen die Durchführung einer Umfrage mit dem Thema „Identitätsfindung und Integration durch religiöse Bildung bei Jugendlichen mit Migrationshintergrund" an Hauptschulen, Realschulen und Gymnasien in Karlsruhe und der Stadt Ettlingen.

Die Umfrage ist nur mit vorherigem Einverständnis der Eltern bzw. der Schüler möglich. Dabei ist insbesondere auf die zu wahrende Anonymität der zu Befragenden zu achten. Die Durchführung der Umfrage an den einzelnen Schulen ist nur mit Zustimmung der dortigen Schulleitung zulässig.

Mit freundlichen Grüßen

Küpper

Dienstgebäude
Hebelstr. 2, 76133 Karlsruhe

☎ Zentrale 0721 926-0
Telefax 0721 933-40210
E-Mail Poststelle@rpk.bwl.de
Internet www.rp-karlsruhe.de

ÖPNV-Haltestellen alle Straßenbahn- und Stadtbahnlinien, Haltestelle Marktplatz
Parkmöglichkeiten Parkhaus Kreuzstraße, 6 Parkplatz im Hof

Wir haben gleitende Arbeitszeit. In der Kontaktzeit erreichen Sie uns montags bis freitags von 9:00 - 11:30 und montags bis donnerstags von 14:00 bis 15:30 Uhr (telefonische Terminvereinbarung wird empfohlen)

Von der Autorin bereits bei Tectum erschienen:

Hasiybe Yölek-Cantay

Die Förderung der Muttersprache von Immigranten Am Beispiel türkischer Nachmittagsschulen

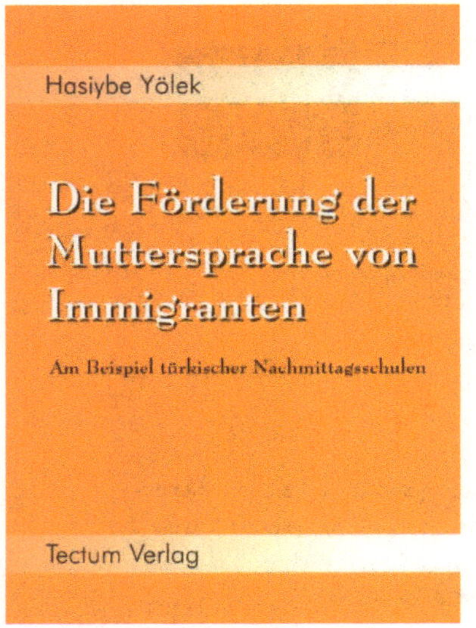

Die veränderte Situation der ausländischen Bevölkerung erfordert eine verstärkte Förderung der Muttersprache. Zur Zeit der Einführung des muttersprachlichen Unterrichts in der Bundesrepublik Deutschland verfolgte man das Ziel, die Integration ausländischer Kinder bei der Rückkehr in ihre Heimatländer durch die Erhaltung der Sprachkenntnisse zu erleichtern. Die Notwendigkeit für die Förderung der Muttersprache liegt heute nicht primär in der Rückkehrerintegration von ausländischen Gastarbeiterkindern, sondern in der Mehrsprachigkeit von Immigrantenkindern begründet. Die mangelnde Kenntnis der Muttersprache birgt Schwierigkeiten, die das Leben des Kindes negativ beeinflussen können. Hingegen kann die Ausbildung der Muttersprache das Erlernen weiterer Sprachen, insbesondere der Sprache des Landes, in dem diese Kinder aufwachsen, befördern. Zudem werden Bildungsmöglichkeiten, Identitätsfindung, sowie auch die Persönlichkeitsentwicklung in positiver Weise beeinflusst. Unter diesen Aspekten erscheint die Förderung der Muttersprache eines im "Ausland" lebenden Menschen als zentrale Aufgabe. Ob bei den ausländischen Mitbürgern in Deutschland oder auch bei Deutschen im Ausland, im Mittelpunkt steht die Entwicklung einer personalen Identität auf der Basis der Herkunft unter den Gesichtspunkten der Differenz und Integration. Die Bedeutung für die Förderung der Muttersprache wird von der Autorin exemplarisch am türkischen Muttersprachlichen Unterricht an Nachmittagsschulen unter Berücksichtigung der Geschichte der Türken in der Bundesrepublik Deutschland behandelt.

ISBN 978-3-8288-8206-5
128 Seiten, Paperback
Tectum Verlag 2000
Preis: 25,90 €

Zeitfracht Medien GmbH
Ferdinand-Jühlke-Straße 7
99095 Erfurt, Deutschland
produktsicherheit@kolibri360.de